国家社会主義とは何か

公開霊言
ヒトラー・菅直人守護霊・胡錦濤守護霊・仙谷由人守護霊

大川隆法
RYUHO OKAWA

本霊言は、2010年6月2日、幸福の科学総合本部にて、
質問者との対話形式で公開収録された。

まえがき

善悪の問題は本当に難しい。結果的には社会悪、国家悪になることを招来《しょうらい》する政治家でも、本人は善人で良いことをやっているつもりであることもあるので、救いがたいのだ。

ただはっきり言えることは、左翼の思想に染まっている人たちは、死後の世界も、霊も認めようとしないこと。つまり、世界観として「この世」しか存在しないということだ。ヒトラーは、一見、右翼の独裁者だが、全体主義的な国家社会主義は、右翼も左翼も実態的には区別はつかないのだ。

本書を熟読して頂ければ、神仏への信仰心がない社会主義国家には、国民の真なる自由もないことが判るであろう。

菅政権発足をうけて、民主党政権による国難パート2《ツー》が始まろうとしている。二代続けての理系宰相の菅氏は、外交・防衛、経済ともに弱いだろう。

本書が国難を取り除く一助となりますことを。

二〇一〇年　六月八日

国師《こくし》　大川隆法《おおかわりゅうほう》

国家社会主義とは何か　目次

まえがき　1

第1章　ヒトラーが語る「悪魔《あくま》の国家観」

二〇一〇年六月二日　ヒトラーの霊示

1　「国家社会主義とは何か」を霊言《れいげん》で探る　15
2　ヒトラーの「霊界での現状」　19
ヒトラーは死後、〝地下〟に第三帝国《ていこく》の要塞《ようさい》をつくっている　19
ヒトラーたちは「羽が生えた人」の編隊から空襲《くうしゅう》を受けている　23
最近、サダム・フセインが仲間に加わった　27
3　ヒトラーの「国家観」と「宗教観」　30
国家を「自己増殖《ぞうしょく》する巨大《きょだい》な生命体」と考えているヒトラー　30

なぜユダヤ人を排撃《はいげき》したのか　33
ヒトラーが信じていた神はゲルマンの民族神　36
ヒトラーは自分を「ドイツの救世主」と考えている　40

4　**生前のヒトラーの「能力」とは**　44

まだ第二次世界大戦を戦っているつもりでいるヒトラー　44
ヒトラーは、生前、ヨーロッパに〝念幕《ねんまく》〟を張っていた　46

5　**ヒトラーの考える「日本攻撃《こうげき》」「日本防衛」の秘策**　51

ヒトラーは胡錦濤《こきんとう》に「国家の拡張は絶対の善だ」と教えている　51
日本は「生けにえの小羊」のようなもの　55
日本には敵艦隊《てきかんたい》を撃滅《げきめつ》する「Uボート」が必要　59
ヒトラーが考えた「日本への三段階の攻撃」とは　61
北朝鮮《きたちょうせん》の魚雷《ぎょらい》攻撃はヒトラーのインスピレーション？　66
日本の民主党政権は、中国の日本攻撃には好都合　70

パトリオットでは中国の「空中で分裂《ぶんれつ》するミサイル」を防げない　75
中国による「日米同盟の破壊《はかい》工作」は進んできている　79
6　ヒトラーは幸福実現党をどう見るか　82
地下に攻《せ》めてきた「羽の生えている人たち」とは天使のこと　82
ヒトラーとサダム・フセインと鄧小平《とうしょうへい》は
〝地下〟でつながっている　87

第2章　菅直人《かんなおと》氏の思想調査を試みる

二〇一〇年六月二日　菅直人守護霊の霊示

1　霊としての自覚がある菅直人氏の守護霊　95
2　外交戦略についての本音とは　102
普天間《ふてんま》基地問題は、鳩山《はとやま》氏の責任にして、自分は白紙で臨《のぞ》む　103

アメリカ軍の基地は、三十年ぐらいかけて全部撤去《てっきょ》したい　106
北朝鮮の暴走は経済援助《えんじょ》で止められる？　109
万一、北朝鮮が暴発しても、アメリカが助けてくれるだろう　114
「国家」や「主権」を否定したがる、菅直人氏の守護霊　117
日本は、〝中国の内海《ないかい》に浮《う》かんでいる島〟のようなもの　121
中国の懐《ふところ》に飛び込《こ》んで運命共同体になるのが一番だ　126
沖縄《おきなわ》を護《まも》る気などまったくない　128
「アメリカから中国に軸足《じくあし》を移す」、これが私の外交の基本路線だ　131

3　経済に対する基本姿勢　135
財務大臣を経験し、少し保守化をした？　136
市民運動家なので、経済はさっぱり分からない　138
公約はしないが、消費税率は十五パーセントに上げるつもり　140
大企業《だいきぎょう》の法人税を上げ、内部留保にも課税をしたい　141

「子ども手当」については、マスコミの反応等を見てから判断する　148

4　**教育改革は必要なのか**　151

基本的には、〝ゆとり教育的なもの〟がいいと考えている　152

「教育の効果」など、まったく信じていない　154

宗教に対してアンチだが、全面否定はしない　158

5　**菅氏が思い描《えが》いている「国家像」とは**　161

6　**前世《ぜんせ》は、サイパンで戦死した日本軍兵士**　163

菅直人本人が運転手なら、私は後部座席に座って指示を出す立場　163

「国家」や「アメリカ」を嫌《きら》う背景には、前世での戦死体験がある　166

第3章　「大中華帝国《だいちゅうかていこく》」実現の野望

二〇一〇年六月二日　胡錦濤《こきんとう》守護霊の霊示

1　**胡錦濤守護霊を中国霊界から招霊《しょうれい》する**　175

2　**鳩山政権をどう見ていたか**　186

鳩山政権に四年は続いてほしかった　187

胡錦濤守護霊が希望する、次の日本のリーダーとは　193

菅直人氏が〝正義の人〟に見える　196

3　**今後の中国の国家戦略について**　199

鄧小平の紹介《しょうかい》で、ヒトラーの霊が中国を指導し始めている　199

最近、中国艦船を、日本近海に出没《しゅつぼつ》させている理由　201

中国なくして経済が成り立たないアメリカは「中国の僕《しもべ》」　204

後継者《こうけいしゃ》については、本心を明かせない 206
大中華帝国の実現は、私の代で目指している 208
中国の経済成長には「秦《しん》の始皇帝《しこうてい》」が協力している 210
中国が本気になれば、アメリカも叩《たた》き潰《つぶ》せる 212
一定規模になった宗教は、必ず弾圧《だんあつ》する 215
十分《じっぷん》もあれば、日本など全滅させられる 219
「チンギス・ハンを超《こ》えること」が目標 222
4 自分が霊であることを認めない胡錦濤守護霊 224

第4章 仙谷由人《せんごくよしと》氏の「本心」に迫《せま》る

二〇一〇年六月二日　仙谷由人守護霊の霊示

1 幸福の科学や宗教を、どう思っているのか 233

仙谷氏の守護霊は、幸福の科学を「迷惑《めいわく》だ」と感じている 233
民主党の議員たちに「幸福の科学をやめろ」と言っている 236
「日本を護る」という気概《きがい》はあるのか 241
徳島が幸福の科学の「聖地」であることを嫌《いや》がる理由 243
宗教に対する見方には丸山眞男《まるやままさお》の影響《えいきょう》がある 250
仙谷由人氏の守護霊には、自分が霊であることの自覚がない 253
信仰はなく、単に宗教団体の票が欲しいだけなのか 255
幸福実現党との戦略提携《ていけい》の条件とは 258
2 消費税などの税制を、今後、どうするのか 262
3 民主党と幸福実現党の連立は可能なのか 267
あとがき 272

第1章

ヒトラーが語る「悪魔《あくま》の国家観」

二〇一〇年六月二日　ヒトラーの霊示

アドルフ・ヒトラー（一八八九〜一九四五）

ドイツの政治家。国家社会主義ドイツ労働者党（ナチ党）の指導者としてドイツの首相となり、やがて一党独裁体制を築いた。第一次世界大戦後の荒廃《こうはい》からドイツ経済を復興させたが、ポーランド侵攻《しんこう》によって第二次世界大戦を引き起こし、ベルリン陥《かん》落《らく》の直前に自決した。戦時中、彼の指示により、ユダヤ人の大量虐殺《ぎゃくさつ》が行われた。

［質問者はAと表記］

1　「国家社会主義とは何か」を霊言《れいげん》で探る

大川隆法　昨日《さくじつ》は、エドガー・ケイシー、ジーン・ディクソンという、アメリカの予言者の霊をお呼びして、未来予言を聴《き》いたのですが、かなり厳しい内容であったので、私自身にも、何というか、〝成仏〟し切れない気持ちが残りました。そこで、今日は、外国系の霊人《れいじん》たちの霊言《れいげん》をもう少し聴いてみて、予言の内容の裏取りなどを進めようと思っていたのです。

ところが、午前中に、政変といいましょうか、民主党の鳩山《はとやま》総理の辞任表明があり、その関係で、やや霊界も乱れています。

私は、一カ月ほど前に『民主党亡国論』を出しましたし、数日前には、鳩山総理の祖父である鳩山一郎《いちろう》の霊言も収録されている『マッカーサー　戦後65年目の証言』（いずれも幸福の科学出版刊）を出しましたが、今回の辞任には、それが、多少、効いているのではないかと思われます。

そこで、今日は、少し考え方を変え、外国の霊人を呼ぶだけではなく、「民主党の次の指導者として出てくるのではないか」と想像される人の守護霊《しゅごれい》〔注〕を呼び、その意見も聴いて、魂《たましい》の傾向性《けいこうせい》を探ってみたいと思います。

今日の全体のテーマは、「国家社会主義とは何か」ということです。そういうものを探ってみたいと考えています。「国家社会主義に、正義があるか。真理があるか。それは自由の敵であるのか。それに対して、幸福の科学は、どのように対応すべきか」というようなことを探ってみるのが共通のテーマです。

今のところ、ヒトラー、菅直人《かんなおと》守護霊、胡錦濤《こきんとう》守護霊、仙谷由人《せんごくよしと》守護霊の霊言を予定しております。

呼び出した霊が、悪い意味で、あまりにも〝大物〟であった場合には、私の体力がもたない可能性もあるので、「霊言を途中《とちゅう》で終了する」ということも、ないとは言えません。

特に、最初の方《かた》（ヒトラー）は、本来なら最も避《さ》けたい方であり、どの程度、強いか、必ずしも分かりません。先日、鄧小平《とうしょうへい》の霊を呼んだとき、彼は「ヒトラーに会った」と述べていたので、この二人は近くにいるのではないかと思います（『アダム・スミス霊言による「新・国富論」』〔幸福の科学出版刊〕第2章参照）。

このように、今日は、全体的に、国家社会主義の本質や、「国家社会主義とは何か」ということにかかわる人々の霊言を集めてみたいと考えています。

やや、どうなるか分からない面もあるので、幸福の科学指導霊団にお祈《いの》りをしてから始めたいと思います。


（瞑目《めいもく》し、合掌《がっしょう》する）

幸福の科学指導霊団よ、幸福の科学指導霊団よ、これから行う霊言現象について、よろしく、ご守護、ご指導のほど、お願い申し上げます。
幸福の科学指導霊団よ、よろしく、ご指導のほど、お願い申し上げます。
どうぞ、正しく、われらをお導きください。

（約十秒間の沈黙《ちんもく》）

［注］人間の魂は六人の魂グループからなり、あの世に残っている「魂の兄弟」の一人が守護霊を務めている。守護霊の考え方は本人とそっくりであり、本人の利益を護ろうとする。

2　ヒトラーの「霊界《れいかい》での現状」

ヒトラーは死後、〝地下〟に第三帝国《ていこく》の要塞《ようさい》をつくっている

大川隆法　では、アドルフ・ヒトラーから行《い》ってみます。

（約十五秒間の沈黙《ちんもく》）

ドイツ第三帝国《ていこく》の指導者、アドルフ・ヒトラー総統、ドイツ第三帝国の指導者、アドルフ・ヒトラー総統、願わくは、幸福の科学総合本部にて、われらに、あなたのお考えを述べてください。

ドイツ第三帝国の指導者、アドルフ・ヒトラー総統の霊《れい》よ。幸福の科学総合本部にて、われらに意見を述べたまえ。

（約十秒間の沈黙）

ヒトラー　（約二十秒間、短い呼吸を繰《く》り返す）ウッハッハッハッハッ、ハッハッハ、フッハッハッハッハッハ（笑い声）。

A――　ヒトラー総統でございますか。

ヒトラー　「ハイル・ヒトラー」と言え！（右腕《みぎうで》を前方に突《つ》き出す）

A――　私は、宗教法人幸福の科学の者でございます。

ヒトラー　どうした？

A――　本日は、ヒトラー総統のお考えをお聞かせ願いたいと思いまして、お呼びいたしました。

先般《せんぱん》、中国の、もうすでに亡くなられております鄧小平《とうしょうへい》氏が、ヒトラー総統とお会いになられたと……。

ヒトラー　わしを尊敬しておると言うておった。

A――　お会いになられたのは事実でございますか。

ヒトラー　ああ、事実だ。いちおう、わしを尊敬しておるようだ。

A――　ヒトラー総統は、今、地下で……。

ヒトラー　地下？

A――　第三帝国の地下帝国をつくっていると……。

ヒトラー　地下というのは、君、何かの間違《まちが》いじゃないか。

A――　鄧小平氏が、そうおっしゃっていました。

ヒトラー　ああ、そうか。

A――　はい。

ヒトラー　まあ、今は空襲《くうしゅう》を受けておるから、空襲をよけるために、地下要塞《ようさい》をつくっていることは事実ではあるけれども、まあ（舌打ち）、地下という言葉には、ちょっと棘《とげ》があったな。

A――　棘がございますか。

ヒトラー　棘がある。

A――　鄧小平氏に申し上げておきます。

ヒトラー　棘がある。地下宮殿《きゅうでん》と言いなさい。

A――　鄧小平氏は、地下帝国とおっしゃっていました。

ヒトラー　帝国でもよい。まあ、帝国だな。今は、第三帝国を地球の最深部にまで広げておるところではある。

A――　どれくらいの人数を、その第三帝国は従えているのでしょうか。

ヒトラー　正確には数えていないけれども、まあ、精鋭《せいえい》部隊だけで百万人ぐらいはいるかな。

A――　百万人の都市をつくっていらっしゃるのですか。

ヒトラー　いや、精鋭部隊というのは正規軍だな。

A――　正規軍？　では、それ以上の人数がいると？

ヒトラー　もちろんだ。雑用をするユダヤ人とかがたくさんいるしね。

ヒトラーたちは「羽が生えた人」の編隊から空襲《くうしゅう》を受けている

A――　その第三帝国のなかで、ヒトラー総統は、今、お仕事として、おもに何をなさっておられますか。

ヒトラー　統治と戦争が、主たる仕事である。

Ａ――　戦争ですか。

ヒトラー　うん。

Ａ――　相手は、どのような敵なのでしょうか。

ヒトラー　敵？

Ａ――　はい。戦争の敵は？

ヒトラー　敵ねえ。何だか知らんが、ときどき空襲《くうしゅう》してくるんだよ。

Ａ――　それは、どういう？

ヒトラー　ちょっと変なところはあるんだけれども。

Ａ――　何が変なのでしょうか。

ヒトラー　羽が生えているんだよな。

A――　羽が生えている？

ヒトラー　羽が生えているやつらが、やってくるんだ。

A――　どういう空襲を？

ヒトラー　羽の生えているやつらが、編隊を組んでやってきて、上空から矢を射かけてきたりする。

A――　矢を？

ヒトラー　うん。

A――　あなたは戦車をお持ちではなかったのですか。

ヒトラー　戦車？　そう、こちらは戦車を持っているから、そんな攻撃《こうげき》には、びくともしない。矢を射ってくるような、古典的な戦いをするのだから、これはインディアンの仲間かな。まあ、そういうやつもいれば、槍《やり》を投げてくるのもいるし、ときどき、何を勘違《かんちが》いしたか、銀の銃弾のようなものを撃ってくるやつもいる。わしを狼男《おおかみおとこ》と間違えているらしい。

A——　はあ。

ヒトラー　銀の銃弾を込《こ》めて銃を撃つやつもいるのだけれども、旧式だな。

A——　被害《ひがい》は、それほど出ないのでしょうか。

ヒトラー　えっ？　被害？

A——　被害です。

ヒトラー　まあ、当たると、血は出るし、死ぬ人もいるが、五分もしたら生き返ってくる。

A——　生き返る？

ヒトラー　うん。

最近、サダム・フセインが仲間に加わった

A――　そうすると、ヒトラー総統は、ご自身がお亡くなりになっていることは、ご存じなのでしょうか。

ヒトラー　ん？　何と言った？

A――　「お亡くなりになっている。死んでいらっしゃる」ということです。

ヒトラー　うーん。

A――　歴史的には、「自殺をされた」と言われています。

ヒトラー　いや、わしは逃げ延《に》びたはずだ。

A――　逃げ延びていますか。

ヒトラー　確か、逃げ延びたはずだ。

A――　そうですか。

ヒトラー　まあ、あの手この手を考えていたからな。あ、最近なあ、仲間が増えたんだ。

A――　どのような？

ヒトラー　イラクからサダム・フセインがやってきた。

A――　はあ。これは、お仲間ですか。

ヒトラー　部下になりたいと言って、やってきた。

A――　今、どのような地位に就いているのでしょうか。

ヒトラー　将軍の一人にしようかと、今、考えているところだ。

A――　そうですか。

ヒトラー　わが第三帝国に加わりたいというので、将軍の一人に、いつ据《す》えようかと考えている。特に、砂漠《さばく》地帯中心の攻撃のときに使えるのではないかと思ってね。

A――　ただ、サダム・フセインは、総統とは時代的には違いますね。

ヒトラー　ん？　そうだな。どういうことなのかな。

A――　総統は長生きをしていらっしゃる？

ヒトラー　いや、最近、時代が進んでね、タイム・トラベルができるようになったらしいんだよ。H・G・ウェルズの世界が実現したらしく、過去と未来が、けっこう接近してきて、なんか行ったり来たりできるらしいんだよ。これは科学技術の進歩だな。

A――　分かりました。

3　ヒトラーの「国家観」と「宗教観」

国家を「自己増殖《ぞうしょく》する巨大《きょだい》な生命体」と考えているヒトラー

A――　次の質問に進ませていただきます。

ヒトラー総統は、「国家社会主義ドイツ労働者党」という党をつくられましたが、この党によって何を目指したのか、教えていただけますでしょうか。

ヒトラー　もちろん、それはドイツ国民の栄光だよ。

A――　栄光？　「労働者」という言葉を党の名前に掲《かか》げたのは、なぜでしょうか。

ヒトラー　うーん……、いや、いちおう共産党ではないんだがな。共産党ではないのだけれども、私は民主主義者だからね。民主主義のもとは、やはり、「大勢の支持を得る」ということだ。それは、「多数派を形成する」ということだな。

多数派を形成するのは何かといったら、それは、君、貴族とか、大金持ちとか、ユダヤ資本の連中とか、大学教授とかではなくて、やはり、労働者階級であるから、民主主義的には、労働者階級を糾合《きゅうごう》しなければ、天下は取れないね。

これは指導者としての初歩だな。

A――　では、その前に付いている「国家社会主義」についてですが、これは何を目指しているのですか。

ヒトラー　国家というものは、君、素晴らしいではないか。これが近代そのものだよ。だから、君ね、勘違《かんちが》いしてはいけないんだよ。わしはインテリなんだよ。いいかな。だから、インテリと思って話したほうがいいよ。ドイツは観念論哲学《かんねんろんてつがく》の本場なんだからね、君。いいかね。

プラトンの国家論があるけれども、ギリシャのポリスなんて、あんなのは国家のうちに入っていないんだよ。あれは「村」だからな。近代国家という概念《がいねん》は、ドイツあたりで発達してきたんだよ。

近代国家の創設は、株式会社をつくるのとは違って、巨大《きょだい》な生命体の創造なんだよ。国家という巨大な生命体を創造するに当たって、個々の人間は、その生命体の構成員となっているんだな。

だから、国家という生命体を生み出すことは、近代・現代の大きな発明であるわけだな。偉大《いだい》なる国家という生命体を生み出すこと、つまり、母親が赤ん坊《ぼう》を産むように、人知を集め、民衆の力を集めて、偉大なる国家、生き物としての国家を誕生させること、これが、やはり、近代・現代における発明だと思う。

古代には、こういう考えはなかったはずだから、人間は、バラバラに生きておったのだが、今は、そうではない、集合体としての国家、すなわち、意志もあり、行動力もあり、防衛力もあれば、攻撃力《こうげきりょく》もあり、生存もし、国家としての死も迎《むか》える、巨大な生き物としての国家というものを構想しなくてはならない。

そして、国家は、生き物として、当然ながら、他のものを食べて生きていくわけであり、他の弱小国家を食べて国家は肥大化し、他の民族や他の国籍《こくせき》の人々をも飲み込《こ》んで、国家そのものが自己増殖《ぞうしょく》する過程がある。これが国家における発展であり、成長である。

人間と同じように、そういう〝食料〟を食べて大きくなっていく。これが近代国家だ。

なぜユダヤ人を排撃したのか

Ａ――　それでは、なぜユダヤ人を排撃したのですか。

ヒトラー　それは、君、もう分かっているではないか。ユダヤ人を許すことはできないんだよ。君、キリストを迫害《はくがい》した張本人がユダヤ人ではないか。

Ａ――　ヒトラー総統はキリスト教徒ですか。

ヒトラー　キリスト教徒と思うかね、君。まあ、いちおう、ドイツもキリスト教の国ではあるんだよ。

A――　神は信じていますか。

ヒトラー　ドイツは、ルターの宗教改革以降だな……。

A――　それは存じております。

ヒトラー　ああ、君、教養はあるのかな。ドイツは、新教というか、プロテスタントの本場なんだよ、君。いいかね。だから、キリスト教の本場なんだ。

ユダヤ人については、キリスト教の淵源《えんげん》、つまり、イエスの処刑《しょけい》の責任のところまで辿《たど》らなくてはいけない。ユダヤ人の原罪は、そこにあるだろう。問題となるのは、あのときだな。

君も知ってのとおり、ローマの総督《そうとく》のピラトには、イエスを処刑する気はなかったんだ。実は解放したかったのに、ユダヤ人たちが、「強盗《ごうとう》殺人犯のバラバを許して、イエスを処刑しよう」と叫《さけ》んだんだな。

そのため、ピラトは投げ出して、「災いはユダヤ人にかかるように」と言って、処刑の責任から逃《に》げた。そして、ユダヤ人は、それを受けた。「われわれに災いが及《およ》んでもいいから、われわれの判断で、ユダヤの王と称《しょう》しているイエスを処刑させろ」と言って、処刑を自分たちで決めてしまった。

ピラトは、イエスの処刑に当たっては、ローマの兵を使ったけれども、「ユダヤの王、ここに眠《ねむ》る」と、きちんと墓標《ぼひょう》も刻んでやった。そういうことをしたわけだ。

そういうわけで、まあ、わしが、「キリスト教の敵であるユダヤ人を、天に代わって成敗《せいばい》した」ということだ。「千八百年も千九百年もかかったことについて、最後の終末を与《あた》えてやった」ということだな。

Ａ――　後世の人には、その罪が及ぶものなのでしょうか。

ヒトラー　当然。当然だよ。「この呪《のろ》いはユダヤ人の血にかかれ」ということを、ユダヤ人自らが認めたんだからな。『聖書』に書いてあるよ。

ヒトラーが信じていた神はゲルマンの民族神

A――それ以前の問題として、総統は、イエス様を信じておられますか。

ヒトラー　いや、全然、信じていないよ。信じてはいないけれども、わしの国はキリスト教国になっておるからな。

A――宗教は、ただ国家をつくるためだけのものですか。

ヒトラー　宗教というのはね、君、一種の粘着剤《ねんちゃくざい》なんだよ。接着剤と言ってもいいかな。

国家という、巨大なロボットをつくるためには、接着剤が要《い》るのだけれども、その接着剤に当たるものが、やはり宗教なんだな。宗教で接着をして、巨大な機械を組み立てる。これが大事なことだ。

Ａ――　ただ、あなたは神を信じていない。

ヒトラー　ん？　いや、神は信じているよ。私ほど信仰深《しんこうぶか》い人間はいるわけがない。

Ａ――　どういう神を信仰されていますか。

ヒトラー　私を支持する神を信じているんだ。

Ａ――　「私を支持する神」とは、具体的には、どういうものでしょうか。

ヒトラー　まあ、はっきり言えば、ゲルマンの神だ。ハッハッハッハッハッハッハ。キリスト教も入れてやったから、仲良くやっているつもりではあったのだけれども、本来的にはゲルマンの神だ。

Ａ――　民族神ということですね。

ヒトラー　今のフランスに当たる地域に住んでいたフランク族をはじめ、ドイツの森に住んでいた、古代のゲルマン民族たちは、ローマに攻《せ》められて、滅《ほろ》ぼされた。その古代のというか、まあ、古代までは行かないかもしれないが、中世以前のドイツの伝統的な宗教だな。

だから、本当は、キリスト教が入る前の宗教かな。日本で言えば日本神道だ。日本神道に当たるものがゲルマンの宗教だ。そのゲルマンの神が、おそらくは、わしの主《しゅ》宰神《さいしん》であると思うな。

A――　ただ、あなたは、あの世を信じていませんね。

ヒトラー　はあ?

A――　あの世を……。

ヒトラー　いや、信じているよ。だから、神はいるよ、君。

A――　あなたは、今、どこにいらっしゃるおつもりですか。

ヒトラー　だから、今、要塞《ようさい》にいる。要塞というか、宮殿《きゅうでん》にいると言ったはずだ。

A――　それは、「あの世ではない」ということですね。

ヒトラー　広場には、君、百万人もの軍隊が入れるんだよ。すごく巨大な建造物だ。そこに住んでいるんだからな。

A――　それは地獄《じごく》という世界です。そういう認識はないのですか。

ヒトラー　これが地獄だって？

A――　はい。

ヒトラー　わしは、まだ生きている。逃げたんだからな。

A――　まだ生きていらっしゃる？

ヒトラー　そう、逃げたんだ。空襲《くうしゅう》が、ちょっと激しくなってきたので、逃げたんだ。それで、いい医師が手に入ってね。さすがドイツだ。ドイツは、やはり、科学技術の面で非常に優れておるので、いい注射が生まれてね、その注射を打つと〝不老不死〟になるんだよ。だから、ときどき打ってもらうのだけれども、そうすると、一年ずつ寿命《じゅみょう》が延びるんだな。

A――　はい、分かりました。

ヒトラーは自分を「ドイツの救世主」と考えている

A――　では、次の質問をさせていただきます。

ヒトラー　うん、うん。

A――　ヒトラー総統は、全体主義者と言われております。

ヒトラー　全体主義者とは、なんだ！　なんという言い方をするんだね、君は。何を言っているんだ。それは、ひどい言い方だ。

A――　現代では、そう言われておりますけれども……。

ヒトラー　それは差別的用語だな。

A――　はい、分かりました。

ヒトラー　わしは個人主義者だよ。何を言っているんだ。

A――　それは、「独裁」という言葉で言い換《か》えてもいいかもしれません。

ヒトラー　そう、独裁主義者です。そうです。そのとおりです。

A――　「それが選挙という民主主義的な過程から生まれた」というのは、どうしてなのでしょうか。

ヒトラー　そうなんです！　そうなんです！　もう、ほとんど百パーセントに近かったのではないか。九十何パーセントの支持をもらったからな。わしは、よほど人気があったんだと思うな。ま、「ドイツの救世主」だったからな。

A――　どのようにして、民衆の「信《しん》」を勝ち取ったと思われますか。

ヒトラー　それは、もう、ドイツは、第一次大戦で、あれだけのボロ負けをし、国土が荒廃《こうはい》して、二度と立ち上がれないと思われていたし、戦勝国になったやつらは、ものすごい賠償金《ばいしょうきん》をふっかけてきて、この国を二度と立ち直れないようにした。それを、わしは、あっという間に立て直したからね。それは、救世主そのものだったと思うな。わしは救世主として崇《あが》められていたから、救世主として、やはり、ほら、神を信仰はしていたわけだよ。

ところで、君らは、もしかしたら、同業かな？　同業ではないのか。ん？

A――　私がですか。

ヒトラー　同業なのかな？

A――　私は宗教者です。

ヒトラー　同業のようなものだよな。だから、君、私を信仰しなさい。そうしたら、君を大臣として雇《やと》ってあげよう。君は侍従長《じじゅうちょう》だ。

A――　いや、お断りします。

あなたは、ニーチェの思想を信じていませんでしたか。

ヒトラー　信じているというか、ドイツは、偉い人だらけだったからな。わしが出てくるということで、露払《つゆはら》い的に、偉大な哲学者が次から次へと出てきたからね。その完成形態が、わしなんだ。いろいろな哲学者が出てきて、そして、その完成形態として、救世主であるわしが現れたんだな。

Ａ――　では、結論から言うと、あなたが神だということですね。

ヒトラー　いや、神は、あの世にいるのだろうし、わしは、まだ生きておるから、神ではないが、ま、そうだな。神は、わしに似せて創ったようなものかな。

Ａ――　あなたに似せて創ったということなら、あなたが神ではないですか。

ヒトラー　わしの似姿が、まあ、神だな。

Ａ――　そうですか。

4　生前のヒトラーの「能力」とは

まだ第二次世界大戦を戦っているつもりでいるヒトラー

A――　次の質問に移ります。

最近の国際情勢についてですが、日本とか中国とかアメリカとか……。

ヒトラー　君、日本人？　日本人だ！　ああ、同盟国ではないか。仲良くしようではないか。同盟国ではないか。

A――　もうすでに戦争は終わってしまいましたので。

ヒトラー　え？　まだ戦っているんだよ、君。空襲《くうしゅう》が続いているんだ。何を言っているんだ。

Ａ――　いや、続いておりません。もう、すでにドイツは……。

ヒトラー　同盟国なんだから、仲良くしなくてはいけない。

Ａ――　戦争が終わって、ドイツは西と東に分かれました。

ヒトラー　今、友好関係にあるんだよ。

Ａ――　いや、もうございません。

ヒトラー　ない？　なぜ？

Ａ――　友好関係というか、当時の日独伊《にちどくい》三国同盟はなくなりました。

ヒトラー　いや、君らとは友人だと思っているよ、わしは。何を言っているんだ。友愛は大事にしよう。

ヒトラーは、生前、ヨーロッパに〝念幕《ねんまく》〟を張っていた

A――　第一次世界大戦後に、ドイツはベルサイユ条約によって……。

ヒトラー　いただきます（コップに手を伸《の》ばす）。

A――　はい、どうぞ。

ヒトラー　（コップの水を飲む）んー。ああ。

A――　軍備を制限され、経済的な制裁も受けたなかで、その隙《すき》を縫《ぬ》って……。

ヒトラー　君の言葉には、ちょっと角《かど》がある。「隙を縫って」ではない。そういう価値判断を含《ふく》む言葉を使ってはいけない。ドイツ人は、もっと厳格に言葉を選ばなければいけない。

Ａ――　分かりました。では、ストレートに伺《うかが》います。当時、非武装地帯とされていたラインラントへのドイツ軍の進駐は、なぜ可能だったのでしょうか。

ヒトラー　うーん。言い方に何となく棘《とげ》があるんだよな（会場笑）。

Ａ――　他の霊人《れいじん》の方からも、そう言われたりしております。はい。

ヒトラー　もう少し尊敬の念のようなものを感じたら、正直に、いろいろと言ってもいいんだが、何となく棘があって、どうも嫌《いや》なんだよな。

Ａ――　では、一つだけ申し上げます。「ドイツの経済的復興において、総統の力は、やはり天才的だった」という評価があります。

ヒトラー　いや、経済なんてものは、私の仕事のなかでは微々《びび》たるものだよ。

Ａ――　そうですか。

ヒトラー　そんなものは、〝ちょちょいのちょい〟だよ。ちょっと魔法《まほう》を使えば、経済なんか、すぐ好転するんだ。わしの天才は、やはり軍事のほうだよ。

A――　軍事ですか。

ヒトラー　軍事では天才だったんだよ。わしは、とにかく電撃戦《でんげきせん》が得意だったからな。電撃戦が得意だということは、基本的に天才の証明だよ。

A――　イギリスやフランスは、なぜ、あのとき、ラインラントへの進駐を黙認《もくにん》したのでしょうか。

ヒトラー　アハハハッ。まあ、ヒトラーに勝てるわけがないでしょう。だから、恐《おそ》れたんだよ。

A――　そうですか。

ヒトラー　怖《こわ》がったんだよ。

A――　それは、あのころ、平和主義というものが普及《ふきゅう》していたことが原因ではないのですか。

ヒトラー　いや、やはり、指導者としての指導力の差というものがあるんだよな。指導者として、帝国《ていこく》の拡張を目指している者と、「自分の国だけが、細々と生き延びればいい」と思っているような者とでは、願いの力、願望の力が、全然、違《ちが》う。

さらには、わしは超能力者《ちょうのうりょくしゃ》だからね。まあ、君らは知らないかもしれないけれども、わしは超能力者だった。わしが張っている巨大《きょだい》な念力による〝念幕《ねんまく》〟は、すごいものだったからねえ。これが、ドイツを覆《おお》い、それから、ヨーロッパを覆っていって、イギリスまで覆い尽《つ》くそうとしていた。

イギリスも陥落《かんらく》寸前まで追い詰《つ》めたのだけれども、チャーチルという（舌打ち）、もう、本当にしみったれた野郎《やろう》が出てきおって！

それに、アメリカが、あんな嘘つきルーズベルトが、フランクリン・ルーズベルトが、「戦争はしない」と言っていたくせに、参戦しおった。あれは嘘つきだ。

あいつは、絶対、地獄《じごく》に堕《お》ちているよ。舌を引っこ抜《ぬ》かなければいけない。不戦を公約にして大統領に当選したくせに、参戦しおった。あれは悪い男だよ。策士《さくし》だ、完全に。

だから、パールハーバーで日本もやられただろう？　あれは罠《わな》にかけられたんだよな。パールハーバーで日本は罠にかけられたし、いろいろな口実をつけて、参戦してきおった。

ああいう腹黒い男は、今、絶対に地獄の悪魔になっているよ。間違いない。

A――　そうですか。

ヒトラー　おお。あれは許せないな。ああいう、公約を守らない人間は、政治家として最低だ。最悪だな。

チャーチルも、「あんなに選挙に落ちながら、何回も出てくるな」ということだなあ。そう思わんか。

A――　分かりました。はい。

5　ヒトラーの考える「日本攻撃《こうげき》」「日本防衛」の秘策

ヒトラーは胡錦濤《こきんとう》に「国家の拡張は絶対の善だ」と教えている

A――　今、時代は、もうすでに二〇一〇年に来ております。それは、ご存じありませんか。

ヒトラー　あれでは（会場の時計を指差す）、二時三十分となっているな。そういうことか？

A――　いえいえ。「今は二〇一〇年であり、西暦《せいれき》で、もう二〇〇〇年を超《こ》えている」ということです。

ヒトラー　うーん、まあ、過去に行ったり、未来に行ったり、H・G・ウェルズの世界だな。まあ、ドイツの優れた科学技術から見て、「タイム・マシンは近いうちに発明される」と、わしも思っていた。それが、「もうできていた」ということだな。確かに、未来の人が行ったり来たりすることはあると思うよ。

A――　最近の世界情勢については、ご存じないのですか。

ヒトラー　ん？

A――　中国が強国になっていることは、ご存じですか。

ヒトラー　ん？　中国は、戦争で……。え？　中国？　中国は日本にやられたのではないのか。

A――　いえ、日本は敗戦したのです。

ヒトラー　え？　日本が負けた？

A――　はい。

ヒトラー　なに？　日本が負けた？

A――　アメリカに敗戦したのです。

ヒトラー　うーん、日本が負けた……。そうだ、アメリカと戦っていたね。

A――　ええ。

ヒトラー　うーん。

A――　最近の世界情勢については、ご存じないんですね。

ヒトラー　いや、そんなこともないような気もするなあ。

A――　ヒトラー総統は、今、地上の人で、どなたかを指導されていますか。

ヒトラー　わしが？

A――　はい。

ヒトラー　胡錦濤《こきんとう》を指導しているよ。

Ａ――　胡錦濤？

ヒトラー　うん。

Ａ――　どのように指導されているんですか。

ヒトラー　ん？　何が？　わしと同じ考えを持つように指導している。

Ａ――　はあ。

ヒトラー　うん。

Ａ――　それは、どのような考えですか。

ヒトラー　ん？　だから、最初に言ったように、「国家というものは、きちんとした生き物であって、近隣《きんりん》の国を食べながら大きくなっていくのが、その生態である。国家が拡張することは善である。絶対の善なのだ。国家が巨大化《きょだいか》することは絶対の善なのだ」ということを教えて、「おまえは、現代のチンギス・ハンにならなくてはいけない」ということを指導している。

Ａ――　彼は、どういう気持ちでいるのでしょうか。

ヒトラー　いやあ、（机の上のメモを見て）何か名前が出ているではないか。あとで本人に訊《き》いたらいいではないか。

Ａ――　はい（笑）。

ヒトラー　ハハ。本人がどう思っているかは知らないが、わしは、ときどき、彼を指導しているよ。

日本は「生けにえの小羊」のようなもの

Ａ――　では、胡錦濤氏に対して、日本をどうせよと指導していますか。

ヒトラー　日本？

A――　はい。

ヒトラー　そんなもん、一蹴《いっしゅう》だよ。そんなもん、一蹴しなくてはいけない。

A――　日本は同盟国だったのではないのですか。

ヒトラー　え？　あ、そうだね。同盟国だね。日本は同盟国だ（会場笑）。そうなんだ。同盟国ではないか。何を言っているんだ。

A――　日本を一蹴するんですか。

ヒトラー　いや、日本は、ドイツと……、えーっと、あれ、おかしいな。わしは、頭がおかしくなってきたようだ。

A――　では、胡錦濤氏には、どのように……。

ヒトラー　中国を、中国を、日本は取っていたはず……だね。そう、アメリカだ！　アメリカだ、悪いのは。な？　アメリカが、アメリカがだな……、そうだ、ルーズベルトの狸《たぬき》にやられたんだ。あの狸おやじが……。

A――　では、話を戻《もど》しましょう。胡錦濤氏には、「日本を攻めろ」と言っているわけですね。

ヒトラー　わしは言っているよ。うーん。

A――　日本の弱点は何だと思いますか。

ヒトラー　日本の弱点？

A――　はい。

ヒトラー　だって、今、軍備が全然使えないではないか。

A――　平和主義ですね。

ヒトラー　あ、そうなの？　平和主義なの？　これ、平和主義なの？　あ、そう。へえ。

Ａ――　「軍備が使えない」と。

ヒトラー　平和主義というのは、「羊の群れであることを宣言している」ということだろう？　「狼《おおかみ》に、『狙《ねら》え』ということを、自分で言っている」ということだろう？「われわれは羊の群れで、番犬も番人もいませんから、狼さん、いらっしゃい」というのが平和主義だな。

Ａ――　そうですね。

ヒトラー　そういうことだな。

Ａ――　平和主義というものについては、そもそも、どう思われますか。

ヒトラー　自ら「獲物《えもの》になりたい」と言う人は昔からいるよ。「生けにえの小羊」というやつだろう？　それが日本なのではないのか。

Ａ――　平和主義者は、「平和を唱えていれば戦争は起きない」という議論をするわけです。

ヒトラー　そんなばかなことが、あるわけがない。「柵《さく》のなかに入っている羊が、『安全だ』と思っている」という、まあ、そんなところだな。しかし、狼は柵を越《こ》えられるものな。ハハハハハハハッ。ばっかな羊だな。ハッハッハ。

A――　ヒトラー総統から見たら、日本は羊ですね。

ヒトラー　羊だよ、日本なんてな。ハハハハハッ。

日本には敵艦隊《てきかんたい》を撃滅《げきめつ》する「Uボート」が必要

A――　では、日本は、どうすればよろしいのですか。過去の誼《よしみ》で教えていただけますでしょうか。

ヒトラー　そうだなあ、同盟国だものな。

A――　はい。どうすればいいのですか。

ヒトラー　同盟国だということを、ちょっと忘れていたなあ。

A――　はい。なぜ攻《せ》めるんです？

ヒトラー　日本は同盟国なのに、わしは、胡錦濤に、なぜ、こんなことを言っているんだ（会場笑）。わしは、時代が、ちょっとずれている感じがして……。

A――　胡錦濤氏の立場から、「日本を攻める」と言ってしまったと思うのですけれども、日本を護るためには、どうすればよいでしょうか。

ヒトラー　同盟国の日本を護るためにか？　Uボートをつくらなくては駄目《だめ》だ。

A――　Uボート？

ヒトラー　うん。Uボートが要《い》る。Uボートだ。Uボートって、君、分かるか？　ドイツ語、分からない？

A――　分かります。Uボートは有名です。

ヒトラー　分かる？　潜水艦《せんすいかん》だな。潜水艦をつくるべきだ。

A――　なぜ潜水艦が必要なのですか。

ヒトラー　それは、敵艦隊《てきかんたい》を撃滅《げきめつ》しなくてはいけないからだ。Uボートをつくらなければ、絶対、護れない。

ヒトラーが考えた「日本への三段階の攻撃《こうげき》」とは

A――　胡錦濤氏は、日本のどのあたりを狙ってきますか。

ヒトラー　うーん、まあ、そうだねえ。まあ、わしの指導によれば……、あ、どうしよう（両手で頭を軽く叩《たた》く）。

A――　あ、いいんです。どうぞ。

ヒトラー　これをばらしてしまうといけない。わしが指導しているのが、ばれてしまう。

A――　昔の誼で教えてください。

ヒトラー　そうだねえ、君らは同盟国なのに、なぜ、わしは君らを攻めようとしているのか、よく分からない。

A――　どこを狙うかを教えていただければ、たぶん、同盟国としての……。

ヒトラー　ああ、そうか。やはり同盟国か。うーん、いや、考えていることは考えているよ。

A――　どこを、どういう順序で攻めようと思われていますか。

ヒトラー　順序？　いや、彼の意見は違《ちが》うかもしれない。彼にも個人的には見解があるからな。

A――　インスピレーションとして与《あた》えているものは？

ヒトラー　わしのインスピレーションか。

Ａ――　はい。

ヒトラー　やはり電撃戦しかないね。基本的には電撃戦を勧《すす》めている。電撃戦で、日本が最も警戒《けいかい》していない所から攻めるね。「原子力発電所」から攻める。ここに、まずミサイルを撃ち込む。そうしたら、もう、日本中でパニックが起きる。ミサイルを撃ち込んで原子力発電所を爆破《ばくは》したら、「放射能汚染《おせん》が起きるのではないか」とか、いろいろなことでパニックが起きる。また、攻撃《こうげき》の後始末で、自衛隊は、もう、てんやわんやの状態になるし、首相官邸《かんてい》なども上を下への大騒《おおさわ》ぎになるだろう。

まず、この状態をつくったあと、本格的な戦闘《せんとう》に入るな。

次に、大都市圏《けん》の攻撃だな。これが第二弾《だん》。

第一弾は、原子力発電所の攻撃。

それから、第二弾が、東京、大阪、名古屋、福岡、その他の百万都市圏の空爆、もしくはミサイル攻撃。これが第二弾だな。
第三弾が、日本の近海まで堂々と空母艦隊等で押《お》し寄せて、威嚇《いかく》しつつ、上陸を狙いますね。

A――　どのあたりに上陸しますか。

ヒトラー　やはり、最終的には東京を落とさなければ意味がないですね。

A――　最初は、やはり、尖閣《せんかく》諸島あたりから沖縄《おきなわ》へ……。

ヒトラー　いや、そう思うだろう?

A――　はい。

ヒトラー　だから、君ね、そう思うところが素人なんだよ。尖閣諸島を狙うと見せかける陽動作戦なんだ。その辺をうろうろしたりして、沖縄の島あたりを狙うと見せているのは、陽動作戦だ。だから、アメリカ軍は、そのあたりを、うろうろしているだろう?

　そして、全然、予想されていない所から、攻めていくんだよ。やはり、これをやらなくては天才ではないな。

A――　それは、どこでしょうか。

ヒトラー　ん？　だから、まあ、彼らの予想がはずれている所からだ。

A――　日本海側？

ヒトラー　そう思うだろう？

A――　はい。

ヒトラー　意外に、太平洋側から行くんだよ。

A――　はあ、そうなんですか。反対ですね。

ヒトラー　うん。だから、今、練習しているでしょう？　意外に、沖ノ鳥島のほうから行くんですよ。ええ。

A――　いきなり東京を攻めてくるわけですか。

ヒトラー　まあ、最初ではないね。最初の電撃戦は、パニックを起こさせることが先だ。そして、それは、どこが攻めたかが分からない状況《じょうきょう》にする。最初はね。ハーッ。やはり、わしが言ってはいけないよ、これは。あとで困ってしまうではないか。

A――　いえ、結構です。

北朝鮮《きたちょうせん》の魚雷《ぎょらい》攻撃はヒトラーのインスピレーション？

ヒトラー　いいか？　これは、わしのインスピレーションだからな。わしらの最初の目的は、中国がやったか、北朝鮮《きたちょうせん》がやったか、分からないようにすることなんだ。

A――　はあ。

ヒトラー　だから、北朝鮮を温存しなくてはいけないんだよ。北朝鮮の戦力を温存しておいて、北朝鮮がやったか、中国がやったか、分からないようにする。だから、密約があって、「どちらが敵国を攻撃しても、お互《たが》いに、その攻撃を否定し合う」ということになっているんだよ。

A――　なるほど。

ヒトラー　最近も、北朝鮮が魚雷《ぎょらい》を撃ったではないか。それを北朝鮮が否定して、中国も認めないいな。

A――　韓国《かんこく》の哨戒艦《しょうかいかん》に対してです。

ヒトラー　うん。韓国船ね。やったのは知っているよ。あれには、わしもインスピレーションを与えているからな。

A――　あれは、中国がやったというのですか。

ヒトラー　いやいや、あれは北朝鮮がやったよ。北朝鮮がやったけれども、北朝鮮と中国の間では、「どちらかが敵国を攻撃しても、お互いに否定し合う」という密約ができているんだよ。

だから、例えば、日本が原子力発電所を攻撃されても、北朝鮮が攻撃したのか、中国が攻撃したのか、分からないし、お互いに声明を発表して、「うちは、やっていない」と言うことになっている。それで調査とかが行われている間《あいだ》に、また次の段階に入れるわけだ。

A――　なるほど。それについては、いつごろ、具体的に着手しようと考えていますか。

ヒトラー　まあ、「いつごろ」と言われても、電撃戦だからねえ。だから、それは、君ね、「もう用意周到《よういしゅうとう》に準備ができた」と思われたら、相手だって備えをするから、相手が「まだ大丈夫《だいじょうぶ》だ」と思っているときにだよ。

Ａ――　わりと早い時期ですか。

ヒトラー　え？　それを聴《き》くには、君、ちょっと献金《けんきん》をしなくては駄目だよ。宗教だろう？

Ａ――　ええ。

ヒトラー　うーん。まあ、君、第三帝国《ていこく》の秘密を聴こうとしているんだろう？

Ａ――　いや、秘密というか、あの……。

ヒトラー　君、ユダヤ人と組んでいるのではないのか。

Ａ――　いやいや、元同盟国ですので、教えていただきたいと。

ヒトラー　うん。同盟国だ。同盟国だな。わしは、どちらの味方をしたらいいのか（会場笑）、分からないんだが。いや、中国とか北朝鮮とかは、わしを尊敬しているからな。

日本の民主党政権は、中国の日本攻撃には好都合

A―― いつぐらいの時期が電撃戦としては有効ですか。

ヒトラー そうだねえ。最近、非常にいい感じだったのでね。

A―― 最近? 「民主党政権だからよい」ということですか。

ヒトラー うん。最近、いい状況だったので、ちょっと揺《ゆ》さぶりをかけているようだな。うーん。ちょっと揺さぶりをかけて、どういう反応をするかだな。

だから、今、あれなんだろう? シビリアン・コントロール、文民統制とかいって、軍部だけでは動けないんだろう? 軍部だけで動かせたら簡単に防衛できるのだが、軍部だけでは動かせないようになっているな。そうだろう? 首相だか何だか知らないが、上がばかだったら、相手は、もう、攻め放題だな。

A――　では、今は、いちばんの攻め時ですか。

ヒトラー　今日、何だか阿呆《あほう》が替《か》わると言っていたな。

A――　はい。替わります。

ヒトラー　まあ、また次も阿呆だろうと思うけれども、まあ、今のところ、大丈夫かとは思う。上に賢《かしこ》いやつが出てきたら、機動的に動かすので、ちょっと困る。

A――　保守政権になったら、ちょっと困る？

ヒトラー　いや、保守でも、ばかはいるからな。

A――　ばかが多い？

ヒトラー　うん。だから、ばかはいるので、福田のときは狙っていたな。

A――　やはり、日本に憲法改正をされたら、まずいわけですね。軍備をきちんと持てるようになるから。

ヒトラー　うーん、まあ、「憲法が、どうの、こうの」なんて、こんなのは、独裁者にとって関係ないことだからね。

Ａ――　いやいや、日本の立場に立っていただければと。

ヒトラー　え？　だから、日本は、そういう危機になったら、小沢一郎あたりが独裁者になって出てくるのではないのか。全権委任をするのではないのか。

Ａ――　小沢が中国と戦うんですか。

ヒトラー　いや、だから、「戦ってくれるか」と思って全権委任をしたら、全面降伏《こうふく》したりするのではないか。

Ａ――　全面降伏をする？

ヒトラー　うんうん、そんなものではないのか。

Ａ――　最終的には、日本をどうしようと思っているのですか。

ヒトラー　日本？　だから、食べるんだよ。

A――　食べる？

ヒトラー　うん。羊だからな。

A――　どのように食べるのですか。

ヒトラー　いや、おいしく食べるんだよ。君、ミディアムか、レアか、ウェルダンか、それを訊いているのか。

A――　いやいや。

ヒトラー　ウェルダンは丸焼きだよな。だから、焼夷弾《しょういだん》で焼いてしまうのがウェルダン。

A――　日本人全員を、どこかの収容所に入れると？

ヒトラー　ああ、日本人ねえ。でも、今のところ、日本には、おいしいところがあるし、それを壊《こわ》したら、もったいないので、おいしいところは、きちんと取らないといけない。

A―― それは、お金ですか。

ヒトラー うん。そうそう。だから、お金が儲《もう》かるところについては、何とか残さないといけないので、そこをうまく残しながら、「将来的な危機の芽になるところは、ぶっ潰《つぶ》せ」という方向で考えているな。

だから、先ほどの原発も、そういうものだ。要するに、原爆など原子力兵器をつくられると困るので、原発は、全部、潰しておかなくてはいけない(舌打ち)。

それから、日本に、いちばんないのは燃料系なので、燃料を備蓄《びちく》している所、石油、ガス等の備蓄をしている所は、日本には、たくさんある。そういう所は、全部、丸焼きにしなくてはいけないと思う。

あと、米軍と自衛隊との関係については、ここが非常に難しいところだ。

今、ちょっと、わしではないが、中国のほうが、アメリカに裏から手を回しているので、買収は進んでいるようだな。何かあったときに、アメリカが、日本を護るために中国を攻撃したりしないようにするため、一生懸命《いっしょうけんめい》、裏から手を回して、政治家の買収に入っている。議会の有力議員などに、裏から手を回して、中国を攻撃しないように、買収している。

北朝鮮に対しても、本当は、普通《ふつう》のアメリカ大統領なら、もう攻撃しているはずだから、攻撃しないように、後ろから手を回して、お金をそうとう流している。中国マネー、チャイナマネーが、そうとう流れているんだよね。

昔と違って、今は、頭を使っているな。経済をうまく使っている。

パトリオットでは中国の「空中で分裂《ぶんれつ》するミサイル」を防げない

A――　そうですか。

そうしますと、天才的な軍事家のヒトラー総統から見て、日本は、どうすれば護れますか。

ヒトラー　日本を護るのか。

A――　はい。もしヒトラー総統が日本にいたとしたら？

ヒトラー　日本の総統だったら？

A――　はい。

ヒトラー　先ほど言ったように、Uボートは絶対に必要だ。これがなければ駄目だね。海を越えて行かないかぎり、最終的に日本を占領《せんりょう》することはできない。人員を送り込まなければ占領は不可能だから、最終的には、必ず艦艇を使って、やってくる。

今、中国は、秘密基地で、いろいろな艦船をつくっている。アメリカに見つからないようにしながら、一生懸命つくっているので、これを絶対に使ってくる。

これを沈《しず》めなくては日本を護れないので、潜水艦は絶対に必要だ。これを持っていなければ日本を護れない。潜水艦をもっと強化しなくてはいけない。

これが一つと、あとは「V2《ヴィツー》ロケット」が必要だね。わしらの場合はV2ロケットだが、君らのほうで何と言うのかは知らない。

それは、北京《ペキン》や上海《シャンハイ》をはじめとする、中国の主要都市を狙えるとともに、やはり平壌《ピョンヤン》まで狙えるものでなくてはならない。長距離ミサイルまでは要らないと思うが、小型の中距離ミサイルは開発しておかないと駄目だな。

朝鮮半島と中国にまで届く中距離ミサイルをつくっておき、向こうの軍事施設《しせつ》を叩《たた》けるようにしておかなければ、日本の防衛は不可能だ。ただ待っているだけだったら、絶対に、どうしようもない。

今、何か、〝ちっちゃい、ちっちゃい〟ミサイルで、飛んできたミサイルを上空で撃ち落とすとか、言っているそうではないか。中国は、笑っているんだよ、あれ。

A――　そうですか。

ヒトラー　「当たるものか」と言って笑っている。

それと、当たったところで、あるいは、当てようと思っても、向こうのミサイルは、着弾より前に空中で分解するんだな。例えば、一本の巨大ミサイルが飛んでくると、それが空中でバラバラになって、百個ぐらいに分かれるわけだね。

A――　百個に分かれるんですか。

ヒトラー　うん、うん。

A――　では、防ぐことはできませんね。

ヒトラー　バラバラになって落ちてくるから、パトリオットミサイルを撃っても、そのなかの二、三個ぐらいには当たるかもしれないけれども、残りの全部が落ちてくるんだよ。それを日本は知らないので、中国は、もうゲラゲラ笑っているんだ。

あの巨大ミサイルのなかに、実は、ハチの子のようなものがたくさん入っているんだ。それらは上空でバラバラになるようになっているので、その全部を撃ち落とすことは不可能で、絶対に落ちるんだ。だから、絶対に助からない。

日本は、それをまだ知らなくて、パトリオットミサイルをアメリカに売りつけられ、

「撃ち落とせる」と思っているけれども、中国は、「そんなことをしても無駄だ」ということをよく知っている。

絶対に撃ち落とせないんだよ。撃たれたら、もう、丸焼け、ウェルダンだね。完全にウェルダンになってしまう。

だから、撃たせないようにしなくてはいけないんだね。

中国による「日米同盟の破壊工作」は進んできている

「アメリカが護ってくれる」というのが、今、日本の主たる作戦なのだろう？　しかし、アメリカは、実は、もう中国に懐柔《かいじゅう》されてきつつある。中国に、今、かなり買収され、利害で説得されてきているので、「日米同盟の破壊工作」は、すごく進んできている。だから、日本は、もうすぐやられるかもしれないね。

これは、まあ、しかたがないんだよ。マッカーサーが独り占めにしたんだよ、この

〝羊〟を。羊一頭を独り占めにして、日本列島をマッカーサーが一人で全部つかまえてしまったのだけれども、これが本当はいけなくて、本来、この国は、戦勝国で分け合わなくてはいけない国だったんだよ。

A―― 違うと思います。

ヒトラー 本来は、例えば、九州は中国に割譲《かつじょう》し、北海道はロシアに分けてやるとか、そのようにしなくてはいけなかったんだな。イギリスやフランスにも迷惑《めいわく》をかけたから、四国はイギリスにやるとか、中国地方はフランスにやるとか、こういう「日本の解体」をしなくてはいけなかったんだ、本当は。

A―― 同盟国としては、その発想は許せませんね。

ヒトラー そう、それは、いけない。同盟国として、それは許せないことだ。うん。君、そのとおりだ。絶対、やってはいけないことだな。同盟国として、日本は護らなくてはいけない。

ただ、ドイツも大変なんだ。今、もう、防衛が大変でね。だから、残念だけれども、同盟国は遠すぎて、助けに行けないんだなあ。

でも、今、新兵器をつくっているところだから、ちょっと待ってくれないかな。今、新兵器として、UFOを開発しているんだ。このUFOが開発できたら、超音速で飛ぶからね。だから、救いに行ける。助けに行って、何とかUFOでB-52を撃ち落としてやるから、ちょっと待ってくれ。今、開発しているんだ。

A――　分かりました。

ヒトラー　うん。

6　ヒトラーは幸福実現党をどう見るか

地下に攻《せ》めてきた「羽の生えている人たち」とは天使のこと

A――　最後に、この日本の政治状況を、どう思われますか。

ヒトラー　ん？

A――　日本の政治状況《じょうきょう》です。

ヒトラー　うーん、まあ、そう一般的《いっぱんてき》に言われてもな。

A――　幸福実現党は……。

ヒトラー　え？

A――　幸福実現党という政党は、ご存じでしょうか。

ヒトラー　うーん、君ね、ヒトラーが幸福実現党を知っていると思うか。ま、今は知っているよ。

A――　今は知っている？

ヒトラー　今は知っている。しかし、今までは知らなかった。

A――　はい。

ヒトラー　今は知っている。君たちの心が読めるから、今は知っている。今までは知らなかった。

A――　どう思われますか。

ヒトラー　敵か味方か、今、ちょっと見分けなくてはいけない。

君、急に態度が少し良くなってきたね。

A――　ハハ。

ヒトラー　どうしようかなあ……。今、迷っているところなんだ。まあ、確かに同盟国ではあった。うん。

　わしを尊敬しているのだったら、手伝ってやらないでもないがな。だが、わしを嫌《きら》っているのだったら、それは、君、話が違《ちが》うな。

A――　弱点なり、強みなり、何か気になるところがありますか。

ヒトラー　どこの？

A――　「幸福実現党の」ということです。

ヒトラー　いや、弱点といっても、全部が弱点なのではないのか。

A――　ハハ。

ヒトラー　強いところなど、どこにもないではないか。全部、弱点ではないか。

Ａ――　思想的には、どうでしょうか。

ヒトラー　思想？　うーん、思想的には……。

Ａ――　こういう政党がないと、日本は、それこそ、総統がインスピレーションを与《あた》えている中国の獲物《えもの》になってしまうのではないでしょうか。

ヒトラー　うーん、でも、まあ、思想的には、大きくなったら、「ヒトラーのようだ」と、どうせ言われるのではないのか。きっと近隣《きんりん》諸国からな。

Ａ――　それは、いい意味ですか。悪い意味ですか。

ヒトラー　まあ、たぶん悪い意味だ。ハハハハハハハ、ワハハハハハ。「宗教が国を動かす」などという、そんな恐《おそ》ろしいことを認めるわけがないではないか。

君たちは、きっと、魔法《まほう》使いだと思われているんだろう。

わしも魔法使いだったけれどもね。わしは宗教の力を使ったよ。うん。そのとおりだ。ゲルマンの森の黒魔術《くろまじゅつ》を使っていた。黒魔術を使っていたし、超能力者《ちょうのうりょくしゃ》も、たくさん〝飼って〟いたしな。

A――　ただ、大川隆法総裁の霊的《れいてき》な調査によると、ヒトラー総統は、悪魔という存在になっているわけです。

ヒトラー　こんな愉快《ゆかい》な悪魔が、君、存在するわけがないではないか。うん？

A――　先ほど話がありましたが、地下に攻《せ》めてきた「羽の生えている人たち」が天使ですね。

ヒトラー　あんな悪いやつが天使なのか。

A――　天使なのです。はい。

ヒトラー　人をいじめるやつが天使か。神はおかしいのではないか。

A――　あなたは大勢の人々を虐殺《ぎゃくさつ》しませんでしたか。

ヒトラー　虐殺？　いや、わしは直接にはやっていないよ。部下がやっただけだ。

A――　いやいや、指示は出していますね。

ヒトラー　うん、まあ、指示は出した。まあ、部下がやったんであって、わしは一人も殺していない。

A――　そこが、いちばん大きな間違いだと思います。

ヒトラーとサダム・フセインと鄧小平《とうしょうへい》は〝地下〟でつながっている

A――　時間になりましたので、このへんでお帰りください。

ヒトラー　うん。そうか。君とは、もう少し、ゆっくりと酒でも飲みながら……。

A――　ハッハッハ。

ヒトラー　ドイツには、君、いい酒があるんだがな。

Ａ――　本日は、どうもありがとうございました。

ヒトラー　うん。そうか。では、しょうがないな。帰る。帰る。なんか名残惜《なごりお》しいな。（聴衆《ちょうしゅう》のほうを見て）みな、ドイツの友達なのか。

Ａ――　いや、日本人です。

ヒトラー　いや、日本人は友達で、日本は同盟国だからな。君たち、ＵボートとＶ２ロケットをつくらなくては駄目《だめ》だ。絶対に駄目だよ。でも、胡錦濤《こきんとう》に言うんじゃないよ。駄目だよ。そうなると、わしは、「両方から賄賂《わいろ》をもらっている」と言われるからな。

Ａ――　ハハ。では、一つだけお願いします。

ヒトラー　うん、うん。

Ａ――　中国を指導するのはやめていただきたい。

ヒトラー　いや、地下ではつながっているんだ、今。だから、サダム・フセインの所とか、わしの所とか、鄧小平《とうしょうへい》の所とか、これらは、全部、地下でつながっているんだ。

Ａ――　そうですか。

ヒトラー　だから、今、世界帝国《ていこく》が地下にできようとしているところなんだ。

Ａ――　そうですか。はい。

ヒトラー　うん、うん。つながっているんだよ。今、日本にもつなげようとしているところで、トンネル工事をしている。

Ａ――　いえ、日本には、つながりません。

ヒトラー　今、トンネル工事をしているんだ。つなげようとしている。

Ａ――　つながりません。

ヒトラー　いや、近いらしいではないか、朝鮮《ちょうせん》半島から日本までは。

A――　いずれ第三帝国もなくなると思います。

ヒトラー　ドイツの医学は、すごく進歩していて、注射を一本打ったら、一年、生き延びられることになっているから、わしは、当分、死なないよ。フン。

『旧約聖書』には、千歳《せんさい》まで生きた人とかが出てくるだろう？　あのとおりになりそうな感じなんだな。今の感じでは、まだ千年ぐらい行けるかもしれない。

A――　ずっと生きていらっしゃると思います。

ヒトラー　うん。そうだね。

A――　はい。

ヒトラー　そんな感じがするよ。

A――　はい。どうもありがとうございました。

ヒトラー　うん、うん。

大川隆法　ヒトラー総統、どうもありがとうございました。お引き取り願えますでしょうか。お願いします。はい、ありがとうございました。

うーん。これは大変ですね。ハアーッ（ため息をつく）。

第2章

菅直人氏の思想調査を試みる

二〇一〇年六月二日　菅直人守護霊の霊示

菅直人《かんなおと》（一九四六〜）

民主党の衆議院議員（東京18区選出）。第94代内閣総理大臣。東京工業大学卒業後、市民運動家として活動したのち、社民連《しゃみんれん》から政界入りを果たす。同党の解散後は、新党さきがけに合流。第一次橋本内閣では、厚生大臣（現厚生労働大臣）を務め、薬害エイズ事件の対応に当たる。一九九六年、鳩山由紀夫《はとやまゆきお》氏が民主党を旗揚《はたあ》げすると、これに参加し、以後、鳩山氏らと共に同党を率いてきた。

［質問者はBと表記］

１　霊《れい》としての自覚がある菅直人氏の守護霊

大川隆法　では、次に、菅直人氏が、ヒトラーと似ているか似ていないかを調査しなければいけませんね。

ヒトラーの次に呼ばれるのは、たいへん〝名誉《めいよ》〟なことでしょう。彼は、次の総理の最有力候補かと思われます（六月八日、総理に就任）。民主党の人事はまだ動いていますし、何も情報を得ていない状況《じょうきょう》ではありますが、総理の最有力候補の一人と見て、菅直人氏の思想調査に入りたいと思います。

（瞑目《めいもく》し、合掌《がっしょう》する）

幸福の科学指導霊団よ、よろしく守護・指導したまえ。幸福の科学指導霊団よ、よろしく守護・指導したまえ。

（二度、大きく息を吐《は》く）

民主党の政治家・菅直人氏の守護霊よ、民主党の政治家・菅直人氏の守護霊よ、幸福の科学総合本部に降りたまいて、われらに、その本心を語りたまえ。民主党指導者・菅直人氏の守護霊よ、幸福の科学総合本部に降りたまいて、われらに、その本心を明かしたまえ。

菅直人氏の守護霊、菅直人氏の守護霊、菅直人氏の守護霊……。

（約四十秒間の沈黙《ちんもく》）

菅直人守護霊　ウウウウ。ウウウウ……。うーん。

B――　菅さんの守護霊でしょうか。

菅直人守護霊　ん？　うーん。まぶしいなあ。

B――　菅さんの守護霊でしょうか。

菅直人守護霊　まぶしい。うーん。ここは光が強いなあ。なんだ？　この、まぶしさは……。目が潰《つぶ》れそうだ。

B――　突然《とつぜん》、呼び出されて驚《おどろ》かれたと思います。

菅直人守護霊　ああ、そうだなあ。目がくらみそうだ。目がくらむ。目がくらむ。ああ。目がくらむし、頭が痛いし……。これは何なんだ？

B――　今まで暗い世界におられたのでしょうか。

菅直人守護霊　えっ？

B――　暗い世界におられたのでしょうか。

菅直人守護霊　暗いって？　君、普通《ふつう》の世界だよ。何言ってるんだよ。ちょっと、びっくりしてるだけなんだ。

B――　地上の政治家である菅直人氏の、守護霊としての自覚はありますか。

菅直人守護霊　ああ、そうだよ。

B――　ありますね？

菅直人守護霊　そうだよ。

B――　では、あなたは、自分が霊的存在であることはご存じですか。

菅直人守護霊　あ？

B――　自分が霊的存在であることはご存じですか。

菅直人守護霊　守護霊だよ。うん。守護霊だ。

B――　私は幸福の科学のHS政経塾《せいけいじゅく》の○○と申します。

菅直人守護霊　はあ、知らん。

B――　今日、六月二日、鳩山《はとやま》総理が辞任表明をされました。それはご存じですか。

菅直人守護霊　うんうん。今、とっても騒《さわ》いでおるんだ。

B――　地上では、もしかしたら、あなたが指導している菅直人さんが、次の総理になるかもしれないと言われています。

菅直人守護霊　まあ、そのつもりで準備はしておるがね。

B――　では、あなたは、やはり、次の総理の座を取りに行こうと思っておられますか。

菅直人守護霊　まあ、国民の見るところ、ほかに、できる人はいないでしょう。うーん。

B――　あなたの地上の生命は、東工大理学部応用物理学科を卒業されて……。
菅直人守護霊　君、余計なことを言うなあ。これは、いったい、なんだ?
B――　全共闘《ぜんきょうとう》世代ですよね。
菅直人守護霊　君、くだらんことを言っているな。
B――　それを言われると嫌《いや》ですか。
菅直人守護霊　嫌だね。
B――　嫌ですか。
菅直人守護霊　なんとなく嫌だな。なんとなく嫌な感じがする。だって、君、なんだか検事みたいじゃないか。
B――　そうですか。

菅直人守護霊　調書を取ろうとしているみたいだ。嫌だね。「学生活動でやっただろう」みたいな言い方って、君、よくないよ。君、そういう自白させるみたいな言い方は、やめたほうがいいよ。

B――　そうですか。

菅直人守護霊　民主的じゃない。

2　外交戦略についての本音とは

B――　今、「総理にいちばん近い男」と言われています。

菅直人守護霊　いやあ、よく分かってるじゃないか。うん。

B――　その菅直人さんの本心を、日本国民に知らせる意義はあると思います。

菅直人守護霊　そりゃあ、そうだな。公人《こうじん》だもんな。うん、うん。

B――　これは、日本の国益にも適《かな》うと思います。

菅直人守護霊　そりゃ、そうだ。そのとおりだ。

B――　そこで、何点か、お伺《うかが》いしたいと思います。

菅直人守護霊　まあ、それは、君の態度次第だな。

普天間《ふてんま》基地問題は、鳩山《はとやま》氏の責任にして、自分は白紙で臨《のぞ》む

B――　そうですか。

まず、お伺いしたいのは、外交問題です。菅さんは、鳩山《はとやま》さんが普天間《ふてんま》基地問題に関して迷走をしているときに、あえて発言を控えていたようなところがありました。

菅直人守護霊　うん。そりゃそうだよ。君、鋭《するど》いな。

B――　これは、次期総理を狙《ねら》うために、あえて黙《だま》っていたということでしょうか。

菅直人守護霊　それは当然だろう。だって、共闘《きょうとう》を組んだら、わしも失脚《しっきゃく》するじゃないか。

B――　もし総理になったら、普天間基地問題を、どのようなかたちで決着させるお

つもりですか。

菅直人守護霊　嘘《うそ》をついたのは鳩山ということだろ？　わしは何も嘘をついていない。何も約束していない。だから、これは、鳩山に全責任を負わせますよ。うん。だから、わしは、「特に考えは持っていなかった」ということで、白紙の状態で臨《のぞ》むな。

B――　白紙ですか。

菅直人守護霊　うん、白紙の状態で臨む。

B――　では、白紙で臨んで、実際に総理になったら、どうしますか。

菅直人守護霊　実際に総理になったら？　まあ、そうだねえ、うーん。答えは、君の態度によるなあ。

B――　いや、ぜひ……。

菅直人守護霊　君が、わしを陥《おとしい》れようとしているんだったら、それなりに防衛しなけりゃいかん。

B――　菅さんは、厚生大臣のときに、薬害エイズ問題で国民に衝撃《しょうげき》を与《あた》えました。

菅直人守護霊　うん、衝撃を与えた。うんうん。

B――　そして、喝采《かっさい》を浴びたと思いますが。

菅直人守護霊　君、よく知ってるじゃない。そういうことを、偏見《へんけん》を持たずに、ちゃんと、正しく国民に伝えなきゃいけないよ。うん。

君、要するに、「有能だ」と言ってるんだな。

B――　はい、はい。

菅直人守護霊　言葉を確認するぞ。「有能な政治家だ」と君は言ったんだな。

B――　そうですね……。

菅直人守護霊　そう考えていいんだな。「役人に騙《だま》されずに、正義を実現した」と。

B――　悪い役人とは対決をされました。

菅直人守護霊　正義を実現した。「役人を使いこなし、役人に騙されず、役人を追い詰《つ》めることができる有能な政治家だ」と、君は言ったんだな。

B――　そうですね……。

菅直人守護霊　よしよし。それが前提だな？　有能な政治家っていうのが前提だな？　確認しとくぞ。よし、それなら、ある程度のところまでは答えてあげよう。

B――　はい。

菅直人守護霊　本心とまではいかないけど、まあ、ちらっとぐらい見せてやるよ。

アメリカ軍の基地は、三十年ぐらいかけて全部撤去《てっきょ》したい

菅直人守護霊　で、何が訊《き》きたいんだ？

B――　普天間基地問題についてです。

菅直人守護霊　ああ、普天間基地。君、それは、非常にきわどい問題だよ。言い方を間違《まちが》うと、失脚する。鳩山のパート2《ツー》になるじゃないか。

君は、さっき、何とか塾《じゅく》とか言っていたけど、もしそれが嘘で、君がマスコミだった場合、失言を引き出されたら、わしはすぐに失脚するじゃないか。言葉を選ばなきゃ危ねえや。

B――　そのへんのマスコミ対応がすごくうまい菅さんにとっては……。

菅直人守護霊　いやあ、君、なかなか、うまいな（会場笑）。うーん。失言を引き出されると、わしもやられるので、よく考えて言わないといかんとは思うが……。

まあ、日米関係は友好的にやりたいとは思うが、将来的な軸足《じくあし》としては、日中関係を拡大する方向を目指していることは間違いない。こういう言い方かな。うん。

Ｂ――　つまり、日米同盟は大事だと言いつつも、将来的には、中国と一緒《いっしょ》にやりたいという感じですか。

菅直人守護霊　これは言い方を間違うと、僕を失脚させるおそれがあるから、言い方を間違うわけにはいかん。

ただ、まあ、日本という国に、これだけアメリカ軍の基地があるのは、やっぱり異常だよな。

君たちは幸福実現党か？　「このままでは、日本は中国の植民地になるぞ」とか言ってるけど、もうすでにアメリカの植民地になったまま、六十五年ずっと続いているんじゃないか。

沖縄《おきなわ》なんか、「アメリカから独立した」って言っても、まだこれだけアメリカ軍の基地がある。これは独立していない。だから、アメリカの植民地のままじゃないか。これではいけない。アメリカ軍の基地は、やっぱり、段階的に減らしていかなきゃいけないね。

まあ、そうだね、「三年に一基地ぐらいずつ減らしていって、向こう三十年ぐらいで、日本からアメリカ軍の基地は、全部、撤去《てっきょ》したい」というあたりが、わしの本音かな。

うーん。

北朝鮮《きたちょうせん》の暴走は経済援助《えんじょ》で止められる？

B――　米軍基地がなくなった場合、日本に軍事的空白ができてしまいますが。
菅直人守護霊　君、どこに敵がいるんだね？　ああ、北朝鮮ね。
B――　はい。
菅直人守護霊　北朝鮮は、ちょっと、問題があるけれども、金をやれば済むんじゃないか。金が欲しくて、暴れてるんじゃないか。
もう経済的に苦しいのはよく分かっている。あれだろう？　日本がいろんな国際的制裁をかけて締《し》め上げ、貿易ができないようにしているからね。

だから、金をやればいいんだよ。経済援助でいい。GDPの小さい国だから、毎年、何百億円か支援してやれば、それで満足して、平和友好条約を結べて、戦争なんかなくなるって。

基地なんかなくても、それでいいんじゃないか。

B――　でも、金正日《キムジョンイル》は、日本に対する恨《うら》みがあって、もしかしたら……。

菅直人守護霊　いや、それは、君の偏見だ。君、直接、インタビューしたわけじゃないだろう？　恨みはないかもしれないじゃない。

日本を好きかもしれない。日本人の料理人を雇《やと》ったりしてるらしいじゃないか。日本の引田天功《ひきたてんこう》を呼んで芸をやらせてるんだったら、日本の大ファンじゃないか。何言ってるの？

B――　今、北朝鮮は核実験《かくじっけん》をして、核ミサイルも開発しているようですが。

菅直人守護霊　ん？　核開発？　それは最低限の自衛だろうよ。ああいう貧乏国《びんぼうこく》は、「核兵器の一発や二発は持ってる」と主張することで、自分の国を護《まも》ってるんじゃないか。

B――　民主主義の国であれば、ある程度、暴走を止めることはできますが。

菅直人守護霊　いや、民主主義の国だって、戦争はいっぱいするよ。君、何言ってるんだよ。

B――　でも、北朝鮮は一党独裁で、一人の決断でできてしまうところが怖い。

菅直人守護霊　いやあ、君らは、「鳩山は指導力がない」って言って、あれだけ責めたんだろう？

B――　ええ。

菅直人守護霊　あそこは、全部、金正日の言うとおりに動くんだから、指導力のある素晴らしい国じゃないか。どこが悪いの？

B――　北朝鮮は何をするか、分からないところがあります。

菅直人守護霊　君ねえ、それは、人に対して失礼っていうか、一国のトップに対する失言に当たりますね。

実際、金正日に会った人は、アメリカのトップレベルの高官から、日本の小泉《こいずみ》元総理、安倍《あべ》元総理、外務省の高官まで、みんな、「金正日は、とても頭のいい人だ」って口を揃《そろ》えて言っているよ。だから、狂人《きょうじん》なんかじゃないよ。

B――　そうですか。

菅直人守護霊　「とても話の分かる、頭のいい男だ」と言っているから、理路整然と話をすれば、ちゃんと話が通じるんじゃないか。

B――　ただ、政治家として、日本人の生命と安全と財産を護ることは基本だと思います。

北朝鮮という国は何をするか分からないので、警察力として……。

菅直人守護霊　だから、何《なん》にもできないって！　国民は食べられずに苦しんでいるんだから、お金や食糧《しょくりょう》の援助さえしてやれば、もう友好国になるんだよ。何を言ってるんだ。

B――　逆に、暴発する可能性もあるのではないでしょうか。

菅直人守護霊　は？　暴発？　金がないのに、どうやって暴発するんだよ。

B――　どうしようもなくなって、韓国《かんこく》に攻《せ》め入るかもしれません。

菅直人守護霊　いや、金がないから無理だよ。君なあ、金がなかったら何にもできないよ。

B――　金がないゆえに、逆に戦争を起こすこともありうると思いますが。

菅直人守護霊　それは自殺行為《こうい》の場合だな。

万一、北朝鮮が暴発しても、アメリカが助けてくれるだろう

B――　もし、その自殺行為をした場合、日本は危険になりますが、そのとき、政治家として、どうしようとお考えですか。

菅直人守護霊　いや、危険にはならないんじゃないか。米軍が出動して、どうにかするんじゃないか。

B――　米軍を日本からなくす方向で、今、考えておられるのではありませんか。

菅直人守護霊　ああ、だから、米軍には、アメリカとして戦ってもらうんだよ。日本は関係ない。日本はかかわらない。だから、日米同盟なんかあると、北朝鮮が暴発したときに、日本は攻められるじゃないか。

日本に軍隊がなければ、日本は攻められない。「アメリカ」対「北朝鮮」で戦って

くれれば、別に日本は構わない。傍観《ぼうかん》しとればいいんだ。

B――　それは、ちょっと、お人好しのような感じもしますが。

菅直人守護霊　は？

B――　お人好しの考えのようにも見えますが。

菅直人守護霊　君、そうかねえ。アメリカの世界戦略は、軍事的に世界を支配下に置こうとする戦略だから、各国が自立して独自防衛に励《はげ》むのは、正義じゃないか。

B――　ただ、今回、鳩山さんのやり方によって、日米同盟に亀裂《きれつ》が入っています。

菅直人守護霊　それは認めるよ。そう、揺《ゆ》れたな。

B――　このまま亀裂が大きくなっていった場合、アメリカは、もしかすると戦わないかもしれません。日本のために、アメリカの青年の血を、わざわざ流さないかもしれません。その場合は、日本は丸裸《まるはだか》になってしまいますが。

菅直人守護霊　まあ、だけど、日米同盟がなかったとしてもだよ、そういう暴発した国があれば、アメリカは世界の警察官としての威信《いしん》を懸《か》けて、やはり、戦うんじゃないか。

今、イランとだって、やりかねない雰囲気《ふんいき》なんだろう？　アフガンで戦って、その前は、イラクまで行って戦ったんだろう？　北朝鮮のほうが近いよ。

B――　今、アメリカの戦線が広がっているので、「日本の政治において、日米同盟が重視されていない」と思ったら、アメリカは戦わないかもしれません。

菅直人守護霊　いや、だから、自衛隊なんて、へたに持ってるから、「日本で勝手に戦え」と言われるわけであって、自衛隊なんかなくしてしまえば、むしろ、アメリカは、「日本を護ってやらなきゃいけない」という騎士道《きしどう》精神を発揮してだね、「丸腰《まるごし》の日本を攻めるなんて、人道上、許されないから、アメリカは原爆《げんばく》を落としてでも、日本を護る」と、こうなるんだよ。

「国家」や「主権」を否定したがる、菅直人氏の守護霊《しゅごれい》

Ｂ――　では、日本の主権をアメリカに委《ゆだ》ねるということですか。

菅直人守護霊　ん？　主権？

Ｂ――　はい。自分の国を護れるかどうかは、アメリカ次第ということでしょうか。

菅直人守護霊　いや、主権なんていうのはだね。君、今は、「地方分権の時代」になっていることを知らないのか。だから、地方主権なんだよ。

国家の主権は、もう、なくなろうとしてるんだ。今は、地方分権であり、地方主権になろうとしている。道州主権っていうか、それぞれの地方が、「中国国《ちゅうごくこく》」とか「四国国《しこくこく》」とかいうように、まず「国」になって、次に、県レベルで自立していこうとしている。昔の藩《はん》みたいに、殿様《とのさま》が治める国になろうとしていて、日本国という国は、今、

消滅《しょうめつ》しようとしてるんだよ、君。今は、そういう民主的な世の中に変わろうとしているときなんだよ。

だから、君、「日本の国を護る」なんて、発想自体がもう時代遅《おく》れなんだ。明治以降の旧態依然《きゅうたいいぜん》とした、百五十年前の考えなんだよ。

B――　地方主権になると、場合によっては、沖縄が独立したり……。

菅直人守護霊　沖縄や九州が、勝手に、中国の一省になろうが、中国と同盟を結ぼうが、それは構わないよ。ただ、「本州は結ばない」とか、「北海道はロシアと同盟を結ぶ」とか、まあ、道州制っていうのは、そういうふうになることだ。

北海道はロシアと同盟する。九州は中国と同盟を結ぶ。それから、島根県《しまねけん》は、例えば、韓国と同盟を結ぶ。で、新潟県《にいがたけん》は、北朝鮮と同盟を結ぶ。まあ、それで構わないわけですよ。

君、世界は、もう、一つになるじゃないか。

B――　日本はバラバラになると思いますが。

菅直人守護霊　いや、世界は一つになるんだよ。うん。だから、「日本の国」というような国家概念《がいねん》は間違いなんだ。さっき誰《だれ》かが変なことを言っていたけれども、「国家」という怪物《かいぶつ》を生かしちゃいけないんだよ。

国家という怪物を解体し、バラバラにして、もう二度と悪いことができないようにしなけりゃいけないんだ。そのためには、地方分権が一番なんだよ。

国家の中央集権体制が戦争の原因なんだから、それをもう完全に廃棄《はき》してしまうことだな。そして、バラバラにする。まずは道州制レベルにして、その次は、県レベルまで主権を降ろしていく。

それぞれ勝手にさせたら、いろいろな国と自由に付き合って、ある意味では、世界的国家になるんだよ。

B――　それは、日本政府としての責任放棄ではないでしょうか。

菅直人守護霊　政府はないほうがいいんだよ。あったら戦争をするからね。うん。本当はないほうがいいんだ。

B――　地方分権をすると、逆に効率が悪くなると思いますが。

菅直人守護霊　まあ、そうでもないんじゃないか。

今は、東京ばかりが日本をかき回しているような状態で、あまりよくないんじゃないか。

国会議員も、地方と東京を行ったり来たりするばかりで、無駄《むだ》なことだ。地方は地方で、もう独立して、そこだけで政治をすればいいんだよ。そうしなきゃ、不便でしようがないわ。参勤交代《さんきん》をいまだにやってるんだな。

B――　私は、「地方分権をすると、日本の国防はかなり厳しい状態になる」と思いますが、菅さんの意見としては、今、お聞きしたとおりということですね。

菅直人守護霊　だから、中国が、「九州と仲良くしたい」って言うんだったら、九州は中国に護ってもらうことにして、九州中国安保同盟を結べばいいわけですよ。

日本は、〝中国の内海《ないかい》に浮《う》かんでいる島〟のようなもの

B――　今、菅さんは、「中国」という名前を出されましたが。

菅直人守護霊　君、確か、僕を尊敬しているんだよな。

B――　それで、中国に関しては、どう思われているのでしょうか。

菅直人守護霊　ん？　中国っていうのは、それは偉大《いだい》な国だよな。

B――　今の地方分権の考えで行くと、中国にも、細かく分かれてもらったほうがいいということでしょうか。

菅直人守護霊　中国？　中国には中国の主体的な考えがあるから、まあ、よその国が、あれこれ言うことはできないけどね。

でも、まあ、あれじゃないか。上海《シャンハイ》を中心とした沿海部は完全に西側入りしていて、中国自体はもう分権になってるんじゃないか。

南側と、内陸部と、北京《ペキン》政府の北部あたりは、もう分かれてきてるんじゃないか。で、将来的には、みんな、香港《ホンコン》みたいな感じの、自由ないい国になるんじゃないのか。たぶん。

B――　今、中国は一党独裁で、共産主義ですが。

菅直人守護霊　まあ、そうは言っても、なかで勢力争い、派閥《はばつ》争いをしている以上、政党があるのと、ほとんど一緒なんだよ。

B――　菅さんは、共産主義に関しては、どのようにお考えですか。

菅直人守護霊　共産主義？　共産主義っていうのは、君、「市民の味方」という意味においては正義なんだよ。

B――　そうですか。

菅直人守護霊　市民の味方であるかぎりは正義だ。

B――　そうですか。つい先日、その中国の調査船が、東シナ海で、日本の海上保安庁の測量船を追跡《ついせき》するという事件が起きましたし、その前には、中国の潜水艦《せんすいかん》と艦船が……。

菅直人守護霊　それは、君、犬だって、自由を求めて散歩するじゃないか。潜水艦だって〝散歩〟するよ。何言ってるんだ。当たり前だ。

海なんか、どこにも境界線はないんだ。文句があるんだったら、網《あみ》でも張っときなさいよ。そしたら、鯨《くじら》だって入ってこないから。

B――　排他的経済水域の中間線から、四十キロも日本側に入ったところでした。

菅直人守護霊　ああ、そんなのは理念上の問題であって、海は自由だ。世界共通のものだよ。

B――　日本国として、きちんと抗議《こうぎ》しないと、既成《きせい》事実が積み上がってしまいますが。

菅直人守護霊　だって、日本の魚やら、中国の魚やら分からないだろ? あっちで獲《と》られたら中国の魚だし、日本に逃《に》げて来たら日本の魚で、獲り放題だ。そんなもん、自由じゃないか。

B――　では、日本の調査船も、中国側の排他的経済水域に入っていいわけですか。

菅直人守護霊　それは、沈没《ちんぼつ》してもよければ、入ったらいいんじゃないか。うん。

B――　それは、もう自由ということですか。

菅直人守護霊　それはそうだ。撃つも撃たないも向こうの自由だよ。

まあ、中国が友好的な態度を日本に取っているかぎり、日本の船が行ったって撃ったりしないよ。ただ、拿捕《だほ》して監禁《かんきん》するだけだ。そうしたら、首相が行って、謝《あやま》って、引き取ってくりゃいいんだろう? うん。

B――　きちんと抗議しないと、今後も、中国の船が日本側の排他的経済水域を侵犯《しんぱん》するようなことが起き、どんどん既成事実が積み重なってしまうと思いますが。

菅直人守護霊　私は、排他的経済水域っていう言い方が、とっても嫌《きら》いなんだ。中国のほうから見たら、日本の近海まで全部中国の海なんだよ。

中国の海のなかで、日本という島がひとつ浮《う》かんでるだけのことなんだ。中国は、日本を独立国家として見ていないからね。

B――　中国は、日本を独立国家として見ていない？

菅直人守護霊　見てない、見てない、見てない。中国から見たら、日本は内海《ないかい》に浮かんでいる島みたいなもんかな。うーん。

中国の懐《ふところ》に飛び込《こ》んで運命共同体になるのが一番だ

B――　日本の政治家として、あるいは、総理にならんとする政治家として、中国に対して、どう対応されるのでしょうか。

菅直人守護霊　いや、もう、敵の懐《ふところ》のなかに飛び込《こ》むのが一番だ。中国の懐のなかに飛び込んでしまって、「日本と中国は一蓮托生《いちれんたくしょう》で、運命共同体です」と言えば、もう、平和な未来が開けるんだよ。

B――　中国とどんどん付き合っていくという感じでしょうか。

菅直人守護霊　中国のほうがアメリカよりも近いんだし、中国の経済圏《けいざいけん》は、これから二倍になり三倍になり五倍になるんでしょう？　中国と取り引きさえすれば、十分に食っていけますからね。まあ、アメリカとだんだん疎遠《そえん》になっていくのは、しかたないんじゃないか。

Ｂ――　しかし、われわれは、中国の一党独裁体制は、やはり危険であると考えております。先般《せんぱん》も、グーグルが中国本土から撤退したように、検閲《けんえつ》というものが行われていますし、また、日本人をすぐに死刑にするということもありました。

菅直人守護霊　いや、中国には、国家として、独自の法律があるんだろうから、その法律を、外国が変えることはできない。中国が、日本の法律を変えられないのと一緒だ。日本の憲法改正を中国政府がやるとなったら、それは問題だろう？

Ｂ――　ただ、アメリカは、〝暴《あば》れん坊《ぼう》〟とはいえ、自由と民主主義をきちんと標榜《ひょうぼう》していて、言論の自由がある国だと思います。

そういう自由のある国と、自由を統制する国とがある場合、日本は、どちらとより親しく付き合ったほうがいいかと言うと、やはり、自由のある国ではないでしょうか。

菅直人守護霊　だけどさあ、戦争の自由もあるんだろう？

君、中国のほうが平和なんだよ。中国が取ってるのは、たかが、モンゴルとか、ウイグルとか、チベットとか、近所の後《おく》れた国ばかりじゃないか。その国を啓蒙《けいもう》して文明化するために、中国は、近隣《きんりん》の国を取っているんだよ。

アメリカは、海をはるばる越《こ》えて、ペルシャ湾まで第七艦隊で攻めに行くんだろう? 君、これは目茶苦茶な〝侵略国家〟だよ。

考え方を間違っちゃいけないよ。「メキシコを啓蒙するために、アメリカはその一部を取った」とかいうのと、話が違うんだよ。

沖縄《おきなわ》を護《まも》る気などまったくない

B―― 菅さんのお考えで行くと、論理的帰結として、沖縄《おきなわ》はいずれ中国に取られることになりかねませんが。

菅直人守護霊　沖縄なんか、私は住んでいないから、どうでもいいんだよ。

B――　え？　どうでもいいんですか。

菅直人守護霊　ああ、ほんとは、どうでもいいよ。沖縄の好きにしたらいいんだ。沖縄の人の半分は、どうせ、元は中国人なんじゃないの？　琉球《りゅうきゅう》民族っていうのは、元は中国から来てるんじゃないの？　だから、沖縄っていうのは、元は中国のものなんだよ。それを、どこかの時点で、日本が取ったんだよ。

B――　そうすると、「沖縄は、もう、中国の自由にしてくれ」ということでしょうか。

菅直人守護霊　だから、沖縄の自治だよ。今は地方分権の時代ですから、もう、沖縄島民の住民投票で、「中国国民になるか、日本国民になるか」を自由に決めさせて、もし意見が割れたら、沖縄を半分に割ったらいいんだよ。

B――　沖縄を護《まも》る気はないんですか。

菅直人守護霊　全然ないな。

B――　では、普天間基地問題も、その論調で行くと、「どちらでもいい」ということでしょうか。

菅直人守護霊　基地があると、それはできない。民族自決ではないけれども、〝県民自決〟はできない。

基地を取り除かなければ、判断はできないでしょう。沖縄は、アメリカの基地があったから、それができなかったじゃないか。

県知事や市長、町長などが、あれだけ反対し、たくさんの住民が、あれだけデモをやっても、「国家が邪魔《じゃま》をして、住民の気持ちが実現しない」っていうのは、民主主義に反することだ。

アメリカの基地があそこにあることで、民主主義に反することが起きている。基地が軍事力を持っているために、そして、国家が条約を結んでいるために、地方では、どうすることもできないわけだ。

つまり、地方自治が、国家の外交によって弾圧《だんあつ》されている状態にあるわけだから、「そこからはずして、地方を独立させ、住民の多数決で物事を決められるように持っていく」というのが、正しい判断じゃないか。

道州制とか地方分権とか言ってるけど、「道州主権」でいいんだよ。住民投票をして、彼らが、「中国に帰属したい」と言えば中国人になればいいし、「日本人のままでいたい」と言えば日本人のままでいい。「いや、どちらでもない。中立したい」と言えば、日本と中国で共同統治してもいいし、両方から独立してもいい。

もう、それは、住民の多数決で決めればいいことだ。それが民主主義じゃないか。君、何言ってるんだ。

「アメリカから中国に軸足《じくあし》を移す」、これが私の外交の基本路線だ

B――「今、北朝鮮や中国は、最後の共産主義国家として、かなり危険な状態にある」

というご認識はないのでしょうか。

菅直人守護霊　ん？　北朝鮮や中国が？

B——「最後の共産主義国家として、日本を侵略してくる可能性がある」ということです。

菅直人守護霊　いや、まだ共産主義にはなっていないので、社会主義だろうし、社会主義でも市場経済だからね。「社会主義市場経済」だ。でも、ある意味では、日本も、官僚《かんりょう》主導の社会主義市場経済だから、まあ、まったく同じ政治体制なんじゃないか。だから、日本と中国は合体も交流も自由だ。しかし、アメリカと日本は違うよ。

小泉さんがやろうとしたのは、アメリカ路線で、「新自由主義」だよな。日本に弱肉強食の世界をつくり、日本をアメリカみたいな国に変えようとしたら、格差が開いて、地方が疲弊《ひへい》し、そして、政権が崩《くず》れて反対のほうに揺れ、民主党政権ができたんだろう？

日本の国民は、アメリカ化することに、明確に「ノー」を突《つ》きつけたわけだよ。ね？　だから、君、社会主義市場経済であることは、日本も同じなんだよ。日本と中国は、非常に親和性のある国家同士なんだ。

B――　本音を語っていただき、ありがとうございます。

ということは、菅さんが総理大臣になったら、日米関係より、日中関係のほうに軸《じく》足《あし》を移すということでしょうか。

菅直人守護霊　うん、まあ、急にとは行かないと思うけど、三十年以内には米軍基地を完全に撤去させる方向で、段階的に基地を減らしていき、将来的には、日米同盟を経済的な友好条約ぐらいのレベルにして、軍事同盟のほうは解消する。

「アメリカとは経済的な同盟関係を続けるけれども、軍事的にも経済的にも、中国との絆《きずな》のほうに重点を置く」というのが、基本的な戦略だな。それが、日本の安全を護るために、いちばんいい方法だと思う。

アメリカは、一度、日本を占領《せんりょう》したが、もう一回、占領するなんていうことになったら、完全に悪魔の帝国《ていこく》だな。

だから、まあ、これが正義じゃないか。うーん。

B――　では、憲法九条を改正することについては、どう思いますか。

菅直人守護霊　君、そんなことは、ありえないことだよ。絶対しちゃいけない。

B――　憲法九条は今のままですか。

菅直人守護霊　憲法を変えなければ、中国との友好状態は続けられる。改正したら、中国と絶対に戦争が起きる。だから、絶対変えちゃいけない。

B――　そうですか。

3　経済に対する基本姿勢

Ｂ――　では、次に、経済政策についてお訊《き》きしたいと思います。菅さんが考えておられる経済政策は、簡単に言うと、どういうものでしょうか。

菅直人守護霊　まあ、今は、ばらまきをかなり批判されているので、「ちょっと何か新しい手を打たなきゃいけない」と思ってはいるんだけどね。

君ら、幸福実現党が、いろいろと政策を謳《うた》って、意見をいっぱい公開してくれるので、本当に助かるよ。中堅《ちゅうけん》議員が、君らの政策をいっぱいパクってきてくれるんだ。だから、君らが政党になる前に、君らの政策で使えるものは全部使ってしまう方向で、今、話が進んでいる。君らの成長戦略を全部いただくつもりで、今、計画しているよ。

財務大臣を経験し、少し保守化をした？

B――　財務大臣をされたわけですが、増税は考えておられますか。

菅直人守護霊　ああ、増税ね。増税を言うと選挙で負けるから、ちょっと、これだけが難しいところなんだ。増税の含《ふく》みを残すレベルで、選挙に勝たなきゃいけないいな。

B――　選挙前に、増税とは言わない？

菅直人守護霊　選挙前に言ったら、負けるだろうよ。この状態で言ったら、負けると思う。だから、「将来的には危機を迎《むか》える」ということを訴《うった》えるけれども、増税の確約までしたら、さすがに勝てない感じがするなあ。うーん。

B――　選挙的には上手《じょうず》ですね。

菅直人守護霊　選挙のときには、その公約はうまくはずしておき、マニフェストには載《の》せないで、実際上、政権運営中にやってしまうことが大事だな。

Ｂ──　では、本音は増税ですか。

菅直人守護霊　本音？　うーん。君、政治家として、わしを尊敬しているか。ん？

Ｂ──　ええ、まあ……。

菅直人守護霊　尊敬しているか。

Ｂ──　マスコミ対応とか、今、話された選挙の戦い方とかは上手だとは思いますが……。

菅直人守護霊　いやあ、君はわしを失脚《しっきゃく》させようとしている。

Ｂ──　いやいや、そんなことはありません。

菅直人守護霊　財務大臣をやって、わしもちょっと勉強にはなったんだよ。だから、ちょっとは保守化したかな。

B――　ああ、そうですか。

市民運動家なので、経済はさっぱり分からない

菅直人守護霊　さすがに、国の財布っていうか、財政のことが、若干、心配にはなったな。今、国債《こくさい》のほうが多くなってきたから、正直に言って、「このままで、もつ」とはやはり思えない。うーん。もう数年しかもたないと思うよ、国としてはね。

財務省にいて、いろいろとレクチャーを聴《き》いていると、「あと数年で、国債は紙くずになるのかな」という感じがする。

財務省の役人は、みんな、「あと数年で、国債は紙くずになりますよ」って言ってるんだ。だから、そうかもしれない。

「増税を決めなければ、国債はみな紙くずになっちゃいますよ。日本はアルゼンチ

ンみたいになっちゃいますよ」っていうようなことを、みんな言うんだよ。

B――　財務省の役人から、そういうレクチャーを受けたわけですね。

菅直人守護霊　そうしないと、さっぱり分かんないからね。

B――　分からない？　経済はあまり得意ではないんですね。

菅直人守護霊　そんなの分かるわけないだろう。君、市民運動家が経済なんか分かるわけないじゃないか。

B――　もともと市民運動家でしたよね。

菅直人守護霊　社会福祉《ふくし》以外、何も分からないんだよ。だから、それは……。君、なんで本音をしゃべらすんだよ。

B――　いやいや。

菅直人守護霊　僕は頭がいいから、ついつい、しゃべっちゃうんだよ。

公約はしないが、消費税率は十五パーセントに上げるつもり

菅直人守護霊　まあ、財務省のレクチャーが正しければだよ、「数年でクラッシュが起きて、国債が紙くずになる」とのことであるから、参院選を、なんとか、すれすれで乗り切ることができたら、公明党なり、みんなの党なり、どこかと連立してでも乗り切ることができたら、増税に着手しなければいけないと思っていますよ。

B――　やっぱり増税ですか。

菅直人守護霊　公約からは、できるだけ、ぼかしたかたちにする。「将来の財務的な危機に備える」というぐらいの言い方で、いちおうは、ぼかす。そのように、公約違《い》反《はん》にはならないようなやり方をする。

それで、「万一《まんいつ》のときに備える。増税はしたくないんだけれども、国債が、万一、

暴落するようなことがあれば、国民の財産が失われるので、国民の財産を防衛するためには、やっぱり税金を上げる必要がある」と、まあ、こういう論理の組み立てで行こうと思っている。

B――　そうすると、消費税を何パーセントに上げようとお考えですか。

菅直人守護霊　まあ、だいたい十五パーセントだな。

B――　十五パーセントですか。

菅直人守護霊　うん。とりあえず十五パーセントだ。

大企業《だいきぎょう》の法人税率を上げ、内部留保にも課税をしたい

B――　所得税も、これ以上、上げるつもりですか。

菅直人守護霊　所得税はだねえ……。うーん……。まあ、法人税は上げてもいいと思

っている。

B――　法人税を今より上げる？

菅直人守護霊　うん。大企業《だいきぎょう》等は、法人税を上げなきゃいけない。
まあ、中小零細《れいさい》企業については、やはり、少し助けてやらなければいけないので、法人税は少し下げてもいい。しかし、大企業等については、そんなに助けてやる必要はない。今、大企業は、赤字を出して、うまく逃《に》げ込《こ》んでいるけれども、このへんは、ちょっと問題があるな。やっぱり、利益に対して税金をかけるんじゃなくて、資産に対して税金をかけなきゃいけないね。

B――　え？　資産に対してですか。

菅直人守護霊　うん。含み資産がそうとうある。大企業は、土地とか建物とか株とか、いろんな含み資産をたくさん内部留保しているので、こういう部分の純粋《じゅんすい》資産に対して税金をかける。そういう感じで、大企業から取ってやろうと考えています。

B――　内部留保に税金をかける？

菅直人守護霊　そうです。内部留保にね。だから、「金をためたやつから取る」ということだ。

B――　それは二重課税ではないでしょうか。

菅直人守護霊　うーん。だけど、儲《もう》かりすぎたんだからしょうがないよな。

B――　それは、財産権の侵害《しんがい》で、憲法違反ではないでしょうか。

菅直人守護霊　いや、君ねえ、近代の民主主義っていうのは、累進《るいしん》課税と所得の再分配なんだよ。それを守らなかったら、格差は開く一方じゃないか。

B――　今、法人税は四十パーセントぐらい（実効税率）ですが、もっと上げるということでしょうか。

菅直人守護霊　法人税は、まあ、五十パーセント以上には上げられないと思うけれども、内部留保として金をためた企業については、それを取り上げていくつもりでいる。

B――　経営学者のドラッカーは、「利益は、発展のためのコストである」というようなことを言っています。

菅直人守護霊　いや、私は、そんなことは信じないね。

B――　信じない？

菅直人守護霊　やっぱり悪いことをしたんじゃないか。

B――　ああ！

菅直人守護霊　本来、消費者に還元しなきゃいけないものを還元しないで、自分たちの利益としてため込んでいるんじゃないか。

そういう悪質性があるので、その部分については、やっぱり、ちゃんと税金として取り上げて、国家のほうから一般《いっぱん》消費者に還元するのが筋だと思っている。

Ｂ――　まあ、あなたは、菅さんの潜在《せんざい》意識でもあるのですが、菅さんは、潜在意識下で、「企業はよくない」と思っているということですか。

菅直人守護霊　当然だろう。そんなに、いいわけないじゃない。企業にもよるけれどもね。まあ、零細企業はいい。それは、ほほえましくていいけれども、大企業になると、基本的に嫌《きら》いだな。

Ｂ――　でも、大企業があるから、何十万人という雇用《こよう》が生まれるし、富が創造されるし、税金も納めてくれるのではないでしょうか。

菅直人守護霊　そういう言い方もあるけど、大企業では、悪い人間が参謀《さんぼう》みたいな頭脳集団をつくっていて、「国家から、どうやって、うまく利権を引き出し、かつ、税金を払《はら》わないようにするか」というようなことを一生懸命《いっしょうけんめい》やっているからねえ。だけど、中小企業のパパママストアは、そういう悪いことができないんだよ。

Ｂ――　しかし、先ほど、「幸福実現党の政策をパクる」と言っておられましたが、われわれは、経済成長戦略の一つとして、「素晴《すば》らしい大企業をつくっていこう」と考えています。こうした政策は、「大企業は善である」と考えないと、できないと思いますが。

菅直人守護霊　うーん。まあ、大企業は嫌いだけれども、ただ、景気はよくしなきゃいけないからね。

景気をよくすれば、彼らも、ある程度、潤《うるお》うことはあるかもしれないけれども、わしは、財閥《ざいばつ》みたいなものは嫌いなので、できたら、ああいうものは分割してしまいたいね。

例えば、トヨタ自動車は、アメリカにいじめられて、今、ちょっと弱ってるかもしらんが、元気のいいときのトヨタは、利益がいっぱい出ていたよ。

年間利益で一兆円も出してたけど、その分、下請《したう》け企業がどれだけいじめられてると思ってるんだ。

下請け企業は、コスト削減《さくげん》を押《お》し付けられ、低賃金で働かされて、利益が出ない状態で、赤字のところが多いんだよ。

親会社だけが黒字なんだ。こういう不公正税制は許せないので、やっぱり、下請けのほうを護《まも》らなければいけないし、トヨタのような大企業がガッポリためているやつに課税して、取らないといけないよね。

Ｂ――　大企業の内部留保を減らしてしまうと、再びリーマン・ショックのようなことが起きた場合、今度は大企業まで潰《つぶ》れてしまうかもしれません。しかし、そうなると、下請けも潰れてしまいますが。

菅直人守護霊　リーマン・ショックは、金が余っている富裕層《ふゆうそう》がいっぱいできたから起きたのであって、みんなが平等な生活をしておれば、あんなものは起きないんだよ。健全な生活をしていれば、ああはならないんだ。うん。

Ｂ――　そうですか。

菅直人守護霊　基本的には、国会議員よりも多い収入を取るような企業家は許さないんだ。

B――　国会議員がいちばん収入を取らないといけないわけですね。

菅直人守護霊　うん。国会議員がいちばん高くなきゃいけない。それより高いのは許せない。

「子ども手当」については、マスコミの反応等を見てから判断する

B――　あと、先ほど、「社会福祉」と言われましたが。

菅直人守護霊　うん、うん。

B――　子ども手当の支給については……。

菅直人守護霊　いや、ほんとは、大企業から収奪《しゅうだつ》すれば、ちゃんとばら撒《ま》けるようになってるんだ。うん。

B――　では、鳩山《はとやま》政権がやろうとしていた「子ども手当」については、菅さんも、その路線を踏襲《とうしゅう》するおつもりでしょうか。

菅直人守護霊　うーん。まあ、今、ちょっと抵抗《ていこう》が激しくなってきているので、「選挙対策として効くかどうか」を見届けてからだな。

今、やっと、選挙対策として、子ども手当の支給ができるようになったので、「マスコミが、例えば、『景気刺激《しげきさく》策、消費刺激策になる』とか、あるいは、『子育て支援《しえん》として、出生率《しゅっしょうりつ》を上げる効果が出る』とかいう感じで持ち上げてくるかどうか」「選挙にプラスに働くかどうか」ということを、いちおう見てからの判断だね。

B――　そうすると、菅さんが総理大臣になったら、「何が正しいか」ということではなく、「選挙で勝つかどうか」ということで、政策が決まるわけですか。

菅直人守護霊　いや、まあ、そんなことはないけどね。でも、まあ、自分の考えを実現したければ、選挙に勝たなきゃいけないよね。ええ。

B――　では、政策は、選挙に勝てるようなものにしていくと。

菅直人守護霊　まあ、だから、「負けるような政策は表に出さないようにしなきゃいけない」ということだ。

B――　なるほど。

4 教育改革は必要なのか

B――　次に、教育問題についてお訊《き》きします。鳩山《はとやま》政権下では、ゆとり教育へ揺《ゆ》り戻《もど》す動きも見られましたが、菅さんはどのようにお考えですか。

菅直人守護霊　うーん……。まあ、えー、参議院のあの人も日教組《にっきょうそ》出身だし、日教組は強力な後援《こうえん》団体なんでねえ。まあ、言葉は選ばないといけない。

君、なんだか、ちょっとマスコミみたいなところがあるから、気をつけないと危なくてしょうがないなあ。失言には、特に注意しないと。

B――　鳩山さんと違《ちが》って、菅さんは、あまり失言がないですよね。

菅直人守護霊　え？　失言がないって？　そうかい？　まあ、わしのほうが頭はいいけどな。

基本的には、〝ゆとり教育的なもの〟がいいと考えている

菅直人守護霊　そうだねえ、うーん……。これは言葉を選ばないといけないけど、まあ、「教職員の地位と収入と生活を護《まも》る」ということが大事だな。基本的には、それを大事にしなきゃいけない。

それが第一であって、教育内容とかは、まあ、どうでもいいんじゃないか。もうすでに勉強しすぎているぐらいじゃないか。

学校で足りなきゃ、塾《じゅく》に行くんだろ？　学校で足りてると思う人は、塾に行かないし、学校で足りない人は、塾に行って勉強するんでしょう？

学校で、いじめとか、犯罪行為《こうい》みたいなものが多発するのは、結局、勉強が難しくて学校が嫌《いや》で起きるんだろう。だから、学校で、いじめや犯罪みたいなものが起きないようにするには、やっぱり、ゆとり教育的なものが、基本的にはいいんであって、

勉強は塾でするべきだよ。

うん。それで、いいんだ。勉強したけりゃ、そうしたい人だけ塾に行ったらいい。学校は、勉強したくない人も引き受けているが、勉強したくない人は、社会に放り出すと悪いことをするから、〝収容所〟として、いちおう学校があるんだよ。学校は、外に出さないようにするための、一種の檻《おり》なんだ。

つまり、〝動物園〟で預かってるんだよ。今は、十歳《さい》を超《こ》えると、もう動物並みで、母親の手に負えないんだ。体が大きくて、もう何をするか分からないので、学校という檻のなかに入れて、校門を閉め、いちおう収容してるだけなんだよ。あとは、教員の生活の安泰《あんたい》を図《はか》ればいい。

勉強したいやつだけ、塾に行って、自由競争をしたらいいよ。塾には、アメリカ的世界があってもいいと思うけど、日本は平等社会なので、基本的に差はつけちゃいけないんだ。うん。

「教育の効果」など、まったく信じていない

B――　すると、日教組の考えと近いですね。

菅直人守護霊　ん？　まあ、そうだな。わしは、基本的に理工系だけど、今、政治家をやっているだろ？　だから、教育なんか全然役に立たないことは、よく知ってるよ。

B――　教育をあまり信用していないわけですか。

菅直人守護霊　全然、関係ない。あっ！　君も、そうじゃないか。君も、今、政治をやっているけど、本業は政治じゃないだろう？

君、なんだか、わしの仲間と違うか。

B――　いえ、宗教家です。

菅直人守護霊　ん？　ん？　宗教家になるような学科は出ていないだろ？　君、違うだろう。なんか怪《あや》しいぞ。なんだか、わしの仲間のような〝におい〟がする。

B――　そうですかねえ。

菅直人守護霊　わしは、理工系を勉強したけど、実際に永田町なんかにいると、全然、関係ないんだよ。だから、学問なんか、まったく役に立たないんだ。君！　そんなことは、みんな知ってることじゃないか！　何言ってるんだ。今さら、嘘ついちゃいけないよ！

B――「人間は、教育によってよくなり、進歩する」という教育の効果を信じられないのですか。

菅直人守護霊　例えば、鳩山なんか、東大の工学部を出て、スタンフォードで博士号《はくしごう》を取ったと言ってるが、そんなもん、何の役にも立たないことぐらい、もう、天下の人は、みんな知ってるじゃないか！

あんなの、ただの〝箔《はく》〟にしか過ぎないことぐらい、全員が知ってることじゃないか！

それだったら、もう教育なんかしないで、金を払《はら》ったら卒業できるようにしてやればいいじゃないか。

B――　では、公立学校の復活に対しては、情熱はあまりないということですか。

菅直人守護霊　まあ、とにかく卒業させてやりゃいいんだろ？　卒業させてやればいいんだよ。

子供が家庭内暴力を振《ふ》るわないように、それから、近所で万引きしないように、学校に隔離《かくり》しているんであって、競争なんか、させるつもりはないよ。

君、教育に、そんな効果があると思ってるのか。

実際に必要なのは、そんなものじゃなくて、「社会活動」だよ。やっぱり、市民活動をやるのが、実践哲学《じっせんてつがく》だな。その意味で、わしは毛沢東主義《もうたくとう》みたいなのが大好きだ。

B――　毛沢東主義が好きなんですか。

菅直人守護霊　うん、うん。まあ、だから、『毛沢東語録』一冊を振って、あとはもう市民活動をしていればいいんだよ。

B――　けっこう全体主義のような感じもしますが。

菅直人守護霊　全体主義？　君、変な言葉を使うんじゃないよ。だから、思想はちょっとでいいんだよ。「行動、実践が大事だ」と言ってるんだ。

B――　ああ、そうですか。

菅直人守護霊　うん、うん。だから、無駄《むだ》な学問が多すぎるよな。もう無駄だよ。全然、無駄だね。

鳩山は、「学校教育が無駄だった」と実証したじゃないか！　え？　あれで、東大合格が四代、五代続いた家系ですか。見なさいよ。世界から笑いものにされてるじゃないですか。ねえ？　だから、もう駄目だよ。うん。

宗教に対してアンチだが、全面否定はしない

B――　そうすると、宗教教育に関しては、どう思われますか。

菅直人守護霊　宗教教育？　うーん。

B――　もしくは、宗教そのものに対してはどうですか。

菅直人守護霊　うーん、アンチだね、やっぱり。

B――　神や仏は信じていませんか。

菅直人守護霊　いや、あのねえ、以前、ちょっと、年金未納問題とかで引っ掛かって叩《たた》かれたことがあってさあ。

B――　ありましたね。

菅直人守護霊　それで、わしは四国八十八カ所を遍路《へんろ》して回り、いちおう宗教心があるように見せて、逃《に》げ切ったんだ。

そういう意味では、仏のご加護っていうのは、まあ、多少あることはあるので、「いざというときの避難所《ひなんじょ》としての宗教も要《い》らない」とまでは言えないね。

宗教っていうのは積極的な存在ではないけれども、この世でちょっと居場所がなくなったときに、やはり、隠遁所《いんとんじょ》として必要なときもあるかもしれないから、全面否定ではない。

全面否定ではないが、このように、国家の財政が逼迫《ひっぱく》しているときに、宗教があまりに繁盛《はんじょう》してるっていうのは、ちょっと疑問はあるな。

B――　「宗教は、人間の幸せにとって不可欠である」という考え方は……。

菅直人守護霊　そんなことはないよ。政治がしっかりしてりゃ、宗教なんかには、読《ど》経《きょう》だけあげてもらえば、済むんではないか。

Ｂ――　そうですか。

菅直人守護霊　うん。

5　菅氏が思い描《えが》いている「国家像」とは

B――　今まで、外交、経済、教育等について、菅さんのお話を聴《き》いておりますと、どれも、『共産党宣言』の内容に近い発想かと思います。もしかして、マルクスを尊敬されているのでしょうか。

菅直人守護霊　いや、マルクスが、わしをまねたのかなあ。

B――　え？　マルクスが、菅さんをまねしたんですか。

菅直人守護霊　うーん。まあ、そうだったのかもしれないな。うん。どうしたんだろうねえ。なんだか似ているのかねえ。

B――　マルクスはお好きですか。

菅直人守護霊　マルクス？　まあ、嫌《きら》いじゃないね。

B――　ということは、菅さんの思い描《えが》いている「国家」というのは、国家社会主義に近いものなんでしょうか。

菅直人守護霊　んー、いや、そういう言い方じゃなくて……。私は市民運動家だから、そういう言われ方は好きじゃないな。まあ、ただ、市民運動家として、困っている人を助けるような体制はつくりたいなと思っている。

ああ。それを、君は、「国家社会主義」って言うんだな。まあ、そうかもしらんけど、わしは「市民国家」をつくるつもりでいる。

B――　ああ、そうですか。

菅直人守護霊　うん。

B――　分かりました。

6　前世《ぜんせ》は、サイパンで戦死した日本軍兵士

菅直人本人が運転手なら、私は後部座席に座って指示を出す立場

B――　では、最後に、お訊《き》きしたいのですが、あなたは、今、菅直人氏という政治家の守護霊《しゅごれい》をされていると思いますが。

菅直人守護霊　うん、うん。

B――　ご自分が、霊的《れいてき》存在であることはご存じですね。

菅直人守護霊　うーん、まあ、肉体を持っている本人と違《ちが》うことは分かっている。

B――　そうですか。

菅直人守護霊　うーん、それは分かっている。

B――　では、「過去、どこかで生まれていた」という記憶《きおく》はありませんか。

菅直人守護霊　うーん……。よく分からないんだけどねえ。わしは、なんだか、タクシーの後部座席に座って、運転手に話しかけているような感じなんだ。うーん、同じタクシーに乗ってる感じなんだよな。

B――　菅直人氏と？

菅直人守護霊　うーん、そう、彼が運転手だ。

B――　はい。

菅直人守護霊　わしは後ろに乗っている。

B――　そうですね。守護霊ですからね。

菅直人守護霊　そして、「あっち行け」「こっち行け」って言って、指示を出しているのは、わしなんだ。

B――　はい。

菅直人守護霊　それで、わしは、「何だった」って？

B――　過去、どこかで生まれていませんか。

菅直人守護霊　過去？　過去？

B――　あなたは何者なんでしょうか。

菅直人守護霊　うーん、菅直人であって、菅直人ではない。うーん、わしは、何《なに》もんなんだろうね。

ううー。わしは菅直人の教官だな。うん。菅直人の教官だけど、あいつには、生まれたときから付いておるから、あいつが生まれる前は何だったんだろうね。

うーん、君、不思議なことを訊くねえ。こんなこと初めて訊かれたよ。

B――　人間の本質は魂《たましい》です。

菅直人守護霊　え？

B――　あなたは、過去、どこかで生まれているはずです。日本人ですか。

菅直人守護霊　君、妙《みょう》なことを訊く……。こんなことを言われたのは初めてだ。

「国家」や「アメリカ」を嫌《きら》う背景には、前世《ぜんせ》での戦死体験がある

B――　心をよく見つめたら、どこかに生まれていた記憶があると思うんですが。

菅直人守護霊　うーん。（約五秒間の沈黙《ちんもく》）
昔の記憶っていうことか。

B――　昔の記憶です。

菅直人守護霊　現代ではないってことか。

B――　現代ではありません。

菅直人守護霊　昔の記憶……。（約十五秒間の沈黙）

ん、ん、んー。（約十秒間の沈黙）

うーん。わしなあ、何だか南方戦線で死んだような気がするんだ。

B――　ああ。軍人さんですか。

菅直人守護霊　うーん。何だかアメリカの空襲《くうしゅう》でやられたような気がするんだよなあ。

わしがいたのはサイパンかなあ。

B――　サイパン？

菅直人守護霊　ああ。

B――　サイパンは玉砕《ぎょくさい》しましたね。

菅直人守護霊　うーん。サイパンにいて、アメリカにやられたような気がするなあ。

B――　だから、アメリカが嫌いなんでしょうか。

菅直人守護霊　うん。嫌いだねえ。うーん。

B――　ああ。

菅直人守護霊　サイパンで若い命を散らしてしまった。

B――　若かったんですか。一兵卒《いっぺいそつ》ですか。それとも少尉《しょうい》とか。

菅直人守護霊　いや、まだ若かったんだ。

B――　二等兵とか一等兵とか。

菅直人守護霊　うーん、婚約者《こんやくしゃ》がいたのになあ。

B――　ああ。

菅直人守護霊　悔《くや》しいなあ。うーん。帰れなかった。ああ、だから、アメリカは嫌いだ。米軍基地は撤去《てっきょ》すべきだ。

B――　ああ、そういうことなんですね。

菅直人守護霊　うーん。サイパンだなあ。サイパンにいたなあ。すごい爆撃《ばくげき》だったなあ。

B――　爆撃にあって死んだんですか。それとも、自決したんですか。

菅直人守護霊　手榴弾《しゅりゅうだん》で自決した。ああ。

B――　だから、「国家」というものが嫌いなんですね。

菅直人守護霊　嫌いだ。国家は要《い》らない。

B――　なるほど。

菅直人守護霊　うーん。嫌いだ。国家は、国民の命を奪うから嫌いだ。戦争も嫌いだ。

B――　そうですか。

菅直人守護霊　（舌打ち）うん。

B――　だから、出てこられたときに、まぶしかったんですね。

菅直人守護霊　うー。

B――　洞窟《どうくつ》の中かどこかで自決して……。

菅直人守護霊　君、言い方がきわどいねえ（会場笑）。なんか、次は、「ヘビを食べましたか」とか、「トカゲを食べましたか」とか訊きたいんじゃないのか。

食べたよ！　食べましたよ！

B――　ああ。

菅直人守護霊　食べたよ。食べたけどさあ、もう、そんなこと訊くもんじゃないよ。

B――　いやいや。分かりました。

菅直人守護霊　うん。最期《さいご》はサイパンだなあ。

Ｂ――　そうですか。

菅直人守護霊　だから、沖縄《おきなわ》の米軍基地問題とか、ほんとに腹が立ってしょうがないな。

Ｂ――　なるほど。分かりました。

菅直人守護霊　「そのアメリカに、この国を護《まも》ってもらう」っていうのか。

Ｂ――　ええ。

菅直人守護霊　いやあ、勘弁《かんべん》してくれえ。嫌だ。

Ｂ――　分かりました。はい。

今日は、突然《とつぜん》、お呼びして、驚《おどろ》かれたと思います。どうも、ありがとうございました。

菅直人守護霊　うん。

大川隆法　（菅直人守護霊に）はい、ありがとうございました。

第3章

「大《だい》中《ちゅう》華《か》帝《てい》国《こく》」実現の野望

二〇一〇年六月二日　胡錦濤の霊示

胡錦濤《こきんとう》（一九四二〜）
中華《ちゅうか》人民共和国の政治家。国家主席（二〇〇三年就任）。党中央軍事委員会主席（二〇〇四年就任）。チベット自治区党委員会書記時代に、チベット独立運動を弾圧《だんあつ》。その後、鄧小平《とうしょうへい》によって党中央政治局常務委員に抜擢《ばってき》され、江沢民《こうたくみん》の後継者《こうけいしゃ》として指名された。

［質問者はCと表記］

1　胡錦濤守護霊《しゅごれい》を中国霊界から招霊《しょうれい》する

大川隆法　先ほど、ヒトラーから、胡錦濤の名前が出ましたので、これは確認せざるをえないと思います。

ただ、胡錦濤は、生きている人ですし、中国人なので、守護霊《しゅごれい》が出てくるかどうかは分かりません。出てきたとしても、通訳が要《い》るかもしれません。招霊《しょうれい》したことはないので、首尾《しゅび》のほどは分かりませんが、いちおうトライはしてみます。

（瞑目《めいもく》し、合掌《がっしょう》する）

幸福の科学指導霊団よ、幸福の科学指導霊団よ、われらを守護・指導したまえ。

幸福の科学指導霊団よ、われらを守護・指導したまえ。

（約四十秒間の沈黙《ちんもく》）

胡錦濤中華《ちゅうか》人民共和国国家主席の守護霊よ、胡錦濤国家主席の守護霊よ、願わくは、幸福の科学総合本部に降りたまいて、われらに考えを述べたまえ。
胡錦濤国家主席の守護霊よ、願わくは、われらに……。

（約十秒間の沈黙）

胡錦濤守護霊　ウウッ。ウー。ンンー……。（二回、咳《せき》をする）

C――　胡錦濤国家主席でしょうか。

胡錦濤守護霊　ハア、ハア、ハア。

C―― 胡錦濤主席でしょうか。

胡錦濤守護霊 ウーッ、ウーッ。

C―― 胡錦濤国家主席の守護霊でしょうか。

胡錦濤守護霊 ウーッ。アーッ。アーッ、テッ。ンーッ。ンーッ。ンーッ、テッ。ハア、ハア、ハア、ハア。ウーン、カッ。ウーン、テッ。

C―― 私《わたくし》の日本語は理解できますでしょうか。

胡錦濤守護霊 ウー、ウッ。ハア、ハア。ウーン。ハア、ハア、ハア。ウーン。ウーン。（舌打ち）アアッ。ハア、ハア、ハア、ハア、ハア、ハア。ウーン、ウ、クッ、ウ、クッ、アー、ウ、ウッ、ウーン。ハア、ハア、ハア。

C―― あなたは、胡錦濤主席の守護霊であるという認識をお持ちですか。

胡錦濤守護霊 アア、アア、アッ、アー、アー、強い。強い！

C――　強い？

胡錦濤守護霊　強い！　これは強いなあ。ハア、ハア。

C――　何が強いのでしょうか。

胡錦濤守護霊　いやあ、こんなのは初めてだ。すっごい力だなあ。ハア、ハア、ハア。

クレーン車に頭をつかまれたような感じなんだ。クレーン車のようなものが、中国に手を伸《の》ばして、わしの頭をつかみ、日本海を振《ふ》り回して、今、東京に引っ張ってきたんだ。

こ、こんなことがあるのか。ハア。ハア。すっごい力だ、これは。

C――　あなたは、たった今まで、北京《ペキン》にいらしたんですね。

胡錦濤守護霊　そうだ……。こんなことがあるのか。ハア、ハア、ハア。

C――　北京で、胡錦濤主席と共にいたわけですね。

胡錦濤守護霊　そうだ……。ハア。ちょっと信じられない。ああ。わが国の防空網《ぼうくうもう》は、どうなっているんだ？　こんなことができるのか。

C――　これは霊的な秘儀《ひぎ》です。あなたは霊であり、大川隆法総裁の力によって、東京に呼ばれたのです。

胡錦濤守護霊　君、北京から東京に数秒で来れると思うか。ハア。こんなことがあるのか。これは、まいった。こんなことがあるのか。これは、すごい。すごい吸引力だったぞ。

C――　これが救世主の力です。宗教的なパワーです。宗教については理解しておられますか。

胡錦濤守護霊　うーん。君、宗教というのは、中国にだってたくさんあったし、今もあるから、それは知っているが、こんなことができるのかあ。信じられない。ちょっと信じられない。こんなことができるなんて……。

C――　今、日本には救世主が降臨されております。その方が、幸福の科学を創立された大川隆法総裁です。幸福の科学については、ご存じでしょうか。

胡錦濤守護霊　ああ、かすかに聞いた。かすかに聞いている。

C――　幸福の科学は、中国でも出版事業をしており、大川隆法総裁の経典を発刊しております。中国人にも、幸福の科学の教えを学ばれる方が増えてきております。

胡錦濤守護霊　（右手で頭を抱《かか》える）ハア、ハア、ハア。敵か？　これは敵か？

C――　必ずしも敵ではありません。私《わたくし》どもは、中国のみなさんの幸福を願っている者です。

胡錦濤守護霊　そうか。しかし、この頭の差し込《こ》みは……、ハア、ハア、厳しく、私を責めているような気がする。

C――　今日は、中国の今後の道筋について、胡錦濤主席の守護霊である、あなたの……。

胡錦濤守護霊　君、すまないが、少しだけ説明をしてもらえないか。もう少し、今の状況《じょうきょう》を説明してもらえないか。

C——　今、救世主である大川隆法総裁のお力によって、あなたは、東京に呼ばれたのです。そして、その大川隆法総裁の肉体を通して、今、私たちは、あなたの声を聞いております。

胡錦濤守護霊　うーん。初めてだ。うーん。国家主席が、こんな簡単に捕《つか》まるなんて……。そんなばかな。アメリカ軍だって、私を捕まえることはできないはずなのに、こんなことがあっていいのか。

C——　これは、この世の技術や軍事力などを超《こ》えた力です。宗教的な秘儀です。

胡錦濤守護霊　ああ。

C——　それだけの力のある宗教家が、日本に生まれているのです。

胡錦濤守護霊　ああ、とにかく分かった。宗教の力なんだな？　で、ここに無理やり連れてこられたんだな？

C――　はい。

胡錦濤守護霊　ああ、分かる。それについては少し分かった。しかし、国賓待遇《こくひんたいぐう》がないじゃないか！　警察もいない。護衛もいない。誰《だれ》もいない。なぜ、わし一人なんだ。拉致《らち》されたのか！

C――　いえ、あなたは安全です。あなたに危害を加えるつもりはありませんし、霊的に護られておりますので、ご安心ください。

胡錦濤守護霊　ああ。わし一人というのは初めてだ。うーん、うーん。陸・海・空軍は役に立たないということか。おまえたちは、何か、秘密兵器を開発したのか。これはすごいなあ。

C――　私《わたくし》どもは、中国の軍事的な拡張に対して、たいへん心配をしております。

胡錦濤守護霊　どうしたら解放してもらえるんだ？

C――　本日は、中国が目指しているところを……。

胡錦濤守護霊　拉致されたのは分かっている。拉致されたのは分かっている。了解《りょうかい》した。それについては理解した。

だから、どうすれば解放されるのか。「これと、これをのんだら、解放する」という解放の条件を教えてくれ。

要求しているのは、身代金《みのしろきん》ではないな？　ん？

C――　いえ（苦笑）、そういう条件交渉《こうしょう》をするつもりはありません。

胡錦濤守護霊　いやあ、まあ、拉致されたのは、はっきり自覚している。こんなことがあるはずはないので、拉致はされた。だから、解放の条件を言ってくれ。

C――　はい。私《わたくし》は、「ザ・リバティ」（幸福の科学出版刊）という雑誌の編集をしている者なのですが、今日は、中国の国家戦略について、お伺《うかが》いできればと思っておりまして、それを一通り……。

胡錦濤守護霊　それをしゃべれば、解放してくれるのか。

C――　はい。そうですね。

胡錦濤守護霊　そうか。

C――　お伺いしたいことが幾《いく》つかございますので、それに答えていただければ、その時点で……。

胡錦濤守護霊　君、その言葉は守れるか。

C――　はい。

胡錦濤守護霊　守れるな?

C――　はい。

胡錦濤守護霊　ああ、早く帰らなくては。中国人民が待っているから、早く帰らなくては。

Ｃ――　はい。それでは……。

胡錦濤守護霊　国家主席は空白をつくってはいけない。みんなが心配している。

Ｃ――　はい、できるだけ短時間で終わるようにいたします。

2 鳩山《はとやま》政権をどう見ていたか

C――　それでは、質問をさせていただきます。今日（六月二日）、日本の鳩山《はとやま》首相が辞任を表明いたしました。

胡錦濤守護霊　ああ、そうだと聞いた。さっき聞いた。

C――　鳩山首相は、普天間《ふてんま》基地問題を中心として、迷走を続けました。

胡錦濤守護霊　迷走とは、何を意味しているのか。

C――　アメリカとの同盟に亀裂《きれつ》をもたらしたということです。

胡錦濤守護霊　それは、正しい行動ではないかな。何が迷走なのか。

C―― 中国側から見れば、そのとおりかもしれません。鳩山政権は八カ月半しかもちませんでしたが、この間《かん》、鳩山政権を、どのようにご覧になっていたのでしょうか。

鳩山政権に四年は続いてほしかった

胡錦濤守護霊 中国にとっては、福田《ふくだ》以上にいい政権だった。

C―― いい政権?

胡錦濤守護霊 うん。福田政権はよかったが、それ以上に、さらにいい政権だった。麻生《あそう》とか安倍《あべ》とかは、それはそれは、もう本当に、日本を地獄《じごく》に陥《おとしい》れるような政権だったと思うが、福田とか鳩山とかは、いい政権だった。

C―― やはり、普天間基地の問題で、日米同盟が……。

胡錦濤守護霊　温家宝《おんかほう》を送ったのに、何もできなかったのか！　温家宝は何もしなかったのか。温家宝は、お土産《みやげ》が何もなかったのか。あいつは粛清《しゅくせい》しなければいかん。

C――　「内閣の支持率が下がると、選挙で負けるので、首相は辞任に追い込《こ》まれていく」というのが、日本の状況《じょうきょう》なのです。

胡錦濤守護霊　温家宝が来たのに、なぜ鳩山は辞《や》めなきゃいけないんだ？　温家宝を、わざわざ日本に送ってやったのに、どうして鳩山が辞めるんだ。

温家宝は、え？　昨日《きのう》？　一昨日《おととい》？

C――　はい、一昨日、来ておられました。

胡錦濤守護霊　天皇とも会ったのではないか。「天皇と会って、鳩山と会って、市民とも交流した」と、いい報告を受けていたから、「鳩山政権は、これで、人気急上昇《じょうしょう》して、長期政権になるはずだ」と思っていた。なぜ、辞めなきゃいけない？

C―― 残念ながら、日本の国民には、今の中国の動きに対して、必ずしも支持していないところがあります。

胡錦濤守護霊 ん？ そんなばかな。日本国民は支持しているよ。君だけが支持していない。

C―― いえ（苦笑）。例えば、最近、中国の艦隊《かんたい》が、沖縄《おきなわ》のすぐ近くの宮古海峡《みやこかいきょう》を通りました。

胡錦濤守護霊 別に通ったっていいじゃないか。

C―― これについて、多くの日本国民が心配しております。

胡錦濤守護霊 そんなことはないよ。心配しているのは漁民ぐらいだ。そんなもの、誰も心配していないよ。

日本には、中国人の観光客が溢《あふ》れている。中国人の観光客のお金で食ってる人が、たくさんいるんだ。みんな大歓迎《だいかんげい》だよ。もう、大船団を組んで来てほしいぐらいだろう。
何を心配することがあるんだ。君たち、それは、被害妄想《ひがいもうそう》って言うんだよ。
C――　鳩山政権においては、米軍との間で亀裂といいますか……。
胡錦濤守護霊　いや、亀裂などと言うのは間違いだよ。正しく、米軍を切り離《はな》そうとしたんだ。
C――　それは、中国から、どのように見えていたのでしょうか。
胡錦濤守護霊　うーん。いや、鳩山は、いい働きをしていたよ。四年はやってほしかったな。だから、辞任は、撤回《てっかい》してもらえないか。鳩山が四年やってくれれば、もう、日本はアメリカと完全に決別して、中国との〝友好の海〟を共有できるところだったんだ。惜《お》しかった。
これはＣＩＡの陰謀《いんぼう》か。ん？　誰かの陰謀だな。こんなこと、ありうるはずがない。温家宝を送って、会見までして、それで辞任だなんて、そんな失礼なことが国家としてありうるはずがない。君、これは、中国に対して非常に非礼な態度だよ。君、温家宝の顔が丸潰《まるつぶ》れだ。彼は、中国へ帰ってきて、私に粛清されたって、文句を言えないよ。これでは、仕事をしていない。

C――　日本は民主主義なので、国民の支持というものが大事なのです。

胡錦濤守護霊　いや、中国も民主主義だよ。君、何を言っているんだ。中華《ちゅうか》人民共和国だから、人民のための民主主義共和国なんだ。北朝鮮《きたちょうせん》も民主主義人民共和国だよ。

C――　日本では、選挙が近づいておりますので、その選挙対策のために、「鳩山首相を降ろす」という動きになったわけです。

胡錦濤守護霊　中国と仲良くして、なぜ選挙に不利なんだ？　君、教えてくれよ。国民の票はもらえるんじゃないか。

C――　鳩山さんは、普天間基地問題以外では、「東アジア共同体」ということも言っていました。これについては、どうお考えでしょうか。

胡錦濤守護霊　それは、「中国の共同体のなかに入って、お金を供給してくれる」っていうことだろう。

C――　中国の共同体に入る？

胡錦濤守護霊　中国が主宰《しゅさい》する共同体に、日本が参加して、幹事長をしてくれるんだろう？　そういうことだろう？

C――　「日本には、中国が主宰する共同体に、お金をどんどん供給する役割を果たしてもらう」ということでしょうか。

胡錦濤守護霊　うんうん。そうそう。「日本がお金を撒《ま》いて貧しい国を助け、中国が政治・軍事的に支配する」というのが、東アジア共同体の趣旨《しゅし》だな。うん。

胡錦濤守護霊が希望する、次の日本のリーダーとは

C――　鳩山さんは、国民の支持を失って首相を辞めましたが、次の首相の有力候補として、菅直人《かんなおと》副総理、岡田克也《おかだかつや》外相、前原誠司《まえはらせいじ》国土交通相、仙谷由人《せんごくよしと》国家戦略相といった名前が出ております（肩書《かたがき》は収録時点のもの。以下同様）。

民主党の代表選がすぐにありますので、それで事実上、次期首相が決まりますが、胡錦濤主席の守護霊として、いちばん望ましい方は、このなかの誰でしょうか。

胡錦濤守護霊　うーん。そうだねえ。このなかに、ちょっと、毛色の違ったのがいるようだからな。うーん。

わしは、小沢でもよかったんだがなあ。小沢だったら、もう、日本は支配できてしまうところだった。小沢を押《お》さえたら、それで終わりだから、小沢でもよかったんだが……。あれも一緒《いっしょ》に辞めるのか。

C――　はい。今回、同時に辞任しました。

胡錦濤守護霊　「小沢首相」はないのか。小沢が首相だったら、もう、日本は属国にできたのだが。うーん。

彼は掌握力《しょうあくりょく》があるからなあ。指導力があるので、日本国民を完全に押さえてしまうだろうから、わしの、いや、中国の言うままに全部やれたんだがなあ。

C――　昨年、小沢幹事長は、中国を訪問しました。

胡錦濤守護霊　そうなんだよ。写真を撮《と》ったりして、恩義を施《ほどこ》してやったから、彼には報恩する義務がある。だから、首相になって、中国に貢献《こうけん》しなくてはいけない。うーん。

C――　その会談の際に、小沢さんと、どのような話をされたのでしょうか。

胡錦濤守護霊　要するに、彼が言いたかったことは、「今後は中国に護《まも》られて、日本の繁栄《はんえい》を築きたい」ということじゃないか。ま、そういうことを言っとったよ。うん。

C―― 小沢幹事長も辞任したわけですが、おそらくは、今後も、〝院政〟といいますか、裏で実権を握り続けるであろうと予想されます。すると、やはり、この小沢さんを中心とする民主党政権に期待をかけるということでしょうか。

胡錦濤守護霊 いやあ、小沢が、そんなにあっさり辞めるとは思えないな。やっぱり、傀儡《かいらい》政権を立てるだろうよ。小沢の言うことをきく者を立てるはずだ。そうでなければ、辞める意味がない。当然、小沢の言うことをきく者を立てるだろうな。

C―― 今の時点では、次期首相の最有力候補は、菅直人副総理です。

胡錦濤守護霊 まあ、うーん、菅は、長く使いたいだろうからなあ。しかし、菅が選挙対策ということであれば、次の選挙で負けたら、辞めなきゃいけなくなるんじゃないか。なあ？ だから、これは思案のしどころだな。使い捨てなら使い捨てで、〝選挙用の人〟を一カ月で使い捨てなきゃいけない。だから、ちょっと、揉《も》めているだろうよ。

選挙用の顔なら、あとは使い捨てるだろう。菅で選挙に負けたら、もう使い捨てるんじゃないか。だから、菅を使うかどうかは、判断だけれどもな。
ま、国民的人気があるかどうかだが、でも、最近、なんだか、おとなしくしていたので、首相を狙《ねら》っていたのかな。うーん。まあ、わしは、菅でもいいが、とにかく、民主党政権をもたせてくれる人でないと困る。

菅直人氏が〝正義の人〟に見える

C――　菅直人副総理ですが、先ほど、守護霊《しゅごれい》を招霊《しょうれい》して、話を聞きました。菅氏の守護霊が言うには、「将来的には、米軍を日本から追い出したい」と……。

胡錦濤守護霊　ん？　何を追い出すと？

C――　米軍。アメリカ軍です。

胡錦濤守護霊 あ、米軍。うんうん。

C―― はい。「日本から米軍を追い出したい」ということを言っておりました。

胡錦濤守護霊 彼は本当に〝正義の人〟だな、うん。まさしく、そのとおりだ。「アジアの友邦《ゆうほう》である日本に、アメリカの軍隊がこんなにたくさん駐留《ちゅうりゅう》している」ということに対しては、われわれは、本当に、解放してあげたくてしかたがない。もう、善意が溢れるばかりだよ。もう、人民解放軍で解放してあげたい気持ちでいっぱいだ。うーん。

C―― さらに、菅氏の守護霊は、「中国の懐《ふところ》に飛び込んでいくのが一番だ」とも言っていました。

胡錦濤守護霊 フーン、菅は賢《かしこ》い人だねえ。そう、まさしく、それが日本の未来を開くことになるだろう。日本には、中国以外に生きていく道はない。うん。中国と友好関係を結べる人が、日本のこれからの首相になるんだ。

あっ、君たちは、中国寄りの政策をとることに反対しているんじゃないのか。それだと潰れるよ。一人も当選しないぞ。うん。気をつけろ。

3　今後の中国の国家戦略について

鄧小平《とうしょうへい》の紹介《しょうかい》で、ヒトラーの霊《れい》が中国を指導し始めている

C――　菅副総理の前には、霊界《れいかい》のヒトラーを呼び、話を聴《き》きました。ヒトラーの霊が言うには、「自分は胡錦濤国家主席を指導している」と……。

胡錦濤守護霊　何を言うか！　小癪《こしゃく》な！　わしを「指導する」とは、小癪なことを！　何を言うか！

指導なんかしとらん。指導なんかしとらんぞ。蠅《はえ》のようにブンブン飛んでいるだけじゃ、あんなものは。指導なんかしとらんよ。なんか、ブンブン言うとるが、あんなものの言うことなど、聞く耳は持っとらん！

C――　ヒトラーの霊から、いろいろアドバイスを受けているのでしょうか。

胡錦濤守護霊　わしは国家主席なんだ。フン。戦争に敗れた国の総統が、中国の国家主席を指導できるのかね？　君ねえ、島根県知事が東京都知事を指導するようなものだよ。うん。ムハッハッハッハ。

C――　意見をいろいろと言ってくるのでしょうか。

胡錦濤守護霊　あ？　まあ、鄧小平《とうしょうへい》が仲介《ちゅうかい》したから、会わんことはない。しかし、君、国の規模が違《ちが》うだろう。あんな敗戦国と一緒《いっしょ》にするんじゃないよ！

C――　鄧小平氏の紹介なんですか。

胡錦濤守護霊　紹介はあった。うん。

C――　ヒトラーの霊は、「日本に侵攻《しんこう》するとしたら、あるとき、突然《とつぜん》、電撃戦で侵攻することをアドバイスしている」ということを言っておりました。

胡錦濤守護霊　ヘヘッ。ヘッヘッヘッヘッ。何を小癪な！　ヒトラーごときが。胡錦濤に意見を言えるような立場か！　わしは十三億の民《たみ》を率いて、世界の五分の一を握《にぎ》っておるのだ。

彼には、そういうことはできなかった。彼はヨーロッパを握ることさえできなかったんだ。ヨーロッパ全部を支配していたら、わしと対等だがな。ま、それだけの力はなかったということだ。

まあ、意見は言っとるから、わしを尊敬しとるんだろう。うーん。

最近、中国艦船《かんせん》を、日本近海に出没《しゅつぼつ》させている理由

C――　ところで、今、日本においても、「中国は、二〇二〇年、あるいは二〇三〇年までに、台湾《たいわん》を獲得《かくとく》するだろう」と見られております。

胡錦濤守護霊　「獲得する」って、君、何を言っているんだね。あれは台湾省なんだ。元から台湾省なのに、不法占拠《せんきょ》されているんだよ。

C――　さらには、「『日本の島嶼《とうしょ》部に侵攻する』とか、『朝鮮《ちょうせん》半島を勢力下に置く』とか、そういうことを中国は考えているのではないか」とも言われております。

胡錦濤守護霊　まあ、それは、「天地《てんち》自然《しぜん》の理《り》」というやつじゃないか。うん。

C――　中国が、軍事的にますます強くなっていけば、当然そうなるということでしょうか。

胡錦濤守護霊　それは、しかたないだろう。世界最強の国になれば、自然にそうなるんだ。別に欲なんか、何にもないよ。果実が熟してポタッと落ちてくるように、中国の傘下《さんか》に、東南アジアの国が全部入ってくるだろうな。うん。

C――　そのために、着々と準備をしていることと思いますが、先ほども申し上げたとおり、先般、中国の艦隊《かんたい》が、沖縄《おきなわ》の近くを通り、太平洋で軍事演習をしました。

胡錦濤守護霊　そんな、君、十隻《せき》ぐらいじゃないか。なんてちっちゃいことを言ってるんだよ。「艦隊」と言うのは、何百隻と送ったときにしてくれよ。もう、準備しているからさ。

Ｃ――　今後、こういう行動を当たり前のようにやっていくつもりでしょうか。

胡錦濤守護霊　やりますよ。米軍に早く帰ってほしいからね。

米軍がいても役に立たないことを示しているんだよ。ね？　中国の艦隊が通っても、米軍は何一つ手を出せない。自衛隊も何一つ手を出せない。それをお見せしてるのよ。

「米軍は、中国が怖《こわ》くて何にも手が出せない。日米安保なんて何の役にも立たない。抑止力《よくしりょく》なんかまったく効かない。そして、中国は、アメリカなんか、まったく怖がっていない」ということをお見せしてるんですよ。

中国なくして経済が成り立たないアメリカは「中国の僕《しもべ》」

C――　先ほど、鳩山首相についての考えを伺《うかが》いましたが、オバマ大統領については、どのように見ておられますか。

胡錦濤守護霊　まあ、オバマは貧乏人《びんぼうにん》だからねえ。貧乏人の育ちで、小《こ》せがれだから、今、国のほうも貧乏になっているねえ。

こちらは債権国《さいけんこく》だから、アメリカを売り飛ばすぐらい、もう簡単だよ。奴隷《どれい》みたいに売り飛ばしてやろうかと思ってるところだ。脅《おど》しをかけて、「米国債を売り払《はら》おうか」って言ったら、大統領がひれ伏《ふ》してくるんじゃないか。アメリカなんか、大中国《だいちゅうごく》の前には、もう小国だよ。もうすぐ芥子粒《けしつぶ》みたいな存在になるよ。フフン。

C――　アメリカも、経済的には中国を頼《たよ》りにし始めております。

胡錦濤守護霊　頼りにしているというか、もう、ほとんど「僕《しもべ》」だな。フン。中国なくして成り立たないよ。

C——　そういう状況《じょうきょう》を利用して、アメリカ軍を、徐々《じょじょ》にアジアから退《しりぞ》かせるという戦略なのでしょうか。

胡錦濤守護霊　まあ、退くしかないでしょう。

アメリカは、財政赤字だし、貿易赤字だし、軍事的にも負けが続いていて、失敗ばかりしている。

侵略を続け、各国の国民に嫌《きら》われて、ゲリラ戦を挑まれているし、自爆テロによって、ワールドトレードセンタービルは破壊《はかい》され、ペンタゴンも攻撃され、ホワイトハウスまで狙《ねら》われた。

ほんの数人が、爆弾《ばくだん》を体に巻いたりして飛行機や車で突《つ》っ込《こ》んでくることに対して、国全体で怯《おび》えてるんだろ?

君、中国は、そんなことないよ。大国だからね。そんなもの、相手にもしない。アメリカってのは弱い国だな。

後継者《こうけいしゃ》については、本心を明かせない

C──「日本を含めて東アジア全体を支配圏に置く」という目標は、次の世代、すなわち、習近平《しゅうきんぺい》さん、あるいは李克強《りこっきょう》さんあたりの世代で、実現していこうという考えでしょうか。

胡錦濤守護霊　まあ、わしの代にやれるものなら、もう、やってしまおうと思っているんだがなあ。うーん。もうちょっとだったんだ。鳩山がもう一頑張《がんば》りしてくれれば、わしの代でもやってしまえた。だが、鳩山は腰《こし》が砕《くだ》けたのでね。

ま、次の首相に、どの程度、〝骨〟があるかによるなあ。次のやつに〝骨〟があれば、まあ、わしの代で一気にやってしまってもいいんだが。

C――　習近平、李克強さんの次の世代については、おそらく、胡錦濤国家主席が指名するだろうと言われていますが。

胡錦濤守護霊　君、名前を出したら、その人が粛清《しゅくせい》されるんだよ。だから、名前は出しちゃいけない。名前を出したら、その人は死ぬんだ。

中国においては、四千年の間、伝統的に、そういうことになっている。名前を出したら、毒を盛られるからね。だから、名前を出してはいけない。本心を明かしてはいけないことになっているんだよ。

C――　すでに意中の方がいるということですか。

胡錦濤守護霊　ん？　ん？　いや、分からないねえ。それは、わしへの忠誠心次第だね。どこまで忠誠を尽《つ》くすか。まあ、少なくとも、わしはまだやる気でおるからな。

温家宝は、ちょっと、バッテンが付いたな。温家宝の処遇《しょぐう》は、そろそろ考えなきゃいけないな。今回、国際的に大恥《おおはじ》をかいたので、温家宝については、何らかの処分が要《い》る。

まあ、次の人事等については、それは、もう、君、伝家《でんか》の宝刀《ほうとう》だよ。これは明かしてはいけない。先に明かしたら、その人は殺されるおそれがあるから、ぎりぎりまで明かせないな。うーん。

大中華帝国《だいちゅうかていこく》の実現は、私の代で目指している

C――　先般、チャーチル元首相が……。

胡錦濤守護霊　ん？　チャーチル？　古いことを言う。

C――　イギリスのチャーチル元首相がいらっしゃって、中国の今後について、このように予想されておりました。すなわち、「大中華帝国《だいちゅうかていこく》を実現しようとする指導者が、胡錦濤国家主席の次の次の世代に現れる」と（『民主党亡国論』〔幸福の科学出版刊〕

第３章参照）。

胡錦濤守護霊　それは、私を非常に軽蔑《けいべつ》した言い方だと思うね。なぜ、「私の代に」と言わないんだ。「私の次の次の代」などと言うとは、よっぽど、中国を見くびっていて、小さい国、弱い国だと思っているな。

私の代で目指しているのであって、私が万一《まんいつ》やり遂《と》げられなかったら、私の次の代がやるべきで、それが駄目《だめ》だったときに、その次がやるのであろう？

私が、まず、やるのであって、「私の次の次の代」とは、ものすごく見くびった言い方だ。もう、チャーチルを八《や》つ裂《ざ》きにしてやりたいぐらいだ。あの年寄りが！

Ｃ――　その〝万が一〟の場合、ヒトラーに当たるような人が出てくると。

胡錦濤守護霊　ヒトラーなんか、もう、今から出てきているじゃないか。わしらを指導しているると、本人が言ってるんだろ？　もう、ずっと、中国に憑依《ひょうい》しているんだよ。

Ｃ――　ヒトラー本人ではなく、ヒトラー的な人物が中国から出てくるようですが。

胡錦濤守護霊　だから、ヒトラーが、背後霊《はいごれい》として、次々と順番に憑《つ》いていくだけの話だろ？　だから、「二代先に」ではなくて、もう、すでに来ているんだよ。何を言ってるんだ、ばかなことを。

もう、ヒトラーなんか、しょっちゅう出入りしているが、まあ、こんなのは、うちの使用人だよ。

中国の経済成長には「秦《しん》の始皇帝《しこうてい》」が協力している

C――　今の時点で、中国の国家主席、あるいは指導部を指導している霊人《れいじん》としては、ヒトラー以外に、どのような方がおられるのでしょうか。

胡錦濤守護霊　君、ヒトラーは外人だから、そんな直接の権限はないんだよ。

うーん。まあ、今は、やはり、鄧小平さんが強いなあ。政治的な面は、毛沢東《もうたくとう》同志も指導してくれているなあ。あとは周恩来《しゅうおんらい》が調停しているなあ。うん。

Ｃ――　中国は歴史が非常に長いので、過去の皇帝《こうてい》の方々も指導しているのでしょうか。

胡錦濤守護霊　うーん。まあ、それは、あるなあ。

Ｃ――　例えば、どのような方でしょうか。

胡錦濤守護霊　中国は今、経済的に、すごく、目覚ましく、発展しているだろう？　うんうん。それには、秦《しん》の始皇帝も協力してくれているよ。

始皇帝は経済にすごく強い人らしい（『未来創造の経済学』〔幸福の科学出版刊〕参照）。だから、彼の言うとおりにやると、どんどん国が発展する。今、経済成長がものすごくて、なんだか、倍速で進んでいるよな。すごい速度だ。やっぱり、頭のいい人っていうのは、違うもんだなあ。今、驚《おどろ》いているよ。うーん。

中国が本気になれば、アメリカも叩《たた》き潰《つぶ》せる

C――　ただ、中国の経済につきましては、「今、資産バブルが進んでいて、上海万《シャンハイばん》博《ぱく》が終わったあと、バブル崩壊《ほうかい》するのではないか」とも心配されています。

胡錦濤守護霊　それは、「世界の工場《こうじょう》」としての中国の力を見誤っているんじゃないか。君、今や中国なくして、世界経済は成り立たないんだよ。中国は、これから、もっともっと発展して強くなっていくんだ。バブルなどということはない。これは正当な発展なんだよ。

C――　ただ、先般も、アメリカから注文が出ておりましたが、人民元《じんみんげん》の問題もあるかと思います。今、中国の輸出は、「人民元が相場よりも安い」ということで成り立っているところがあるので、「いずれ、人民元の切り上げによって、中国経済が落ち込

む時期が必ず来るだろう」とも見られています。

胡錦濤守護霊　何を、借金国が偉《えら》そうに！　そんなことが言えるような立場にあると思ってるのか。オバマは奴隷として、もう一回、売り飛ばしてやる！

そんなことを言うようだったら、もう許さん！　奴隷として、もう一回、アフリカのケニアに売り飛ばしてやる！　借金国のくせに何を偉そうに言うか。アメリカ経済は、中国のお陰《かげ》でもっているんだ。

C――　今の時点では、日本の政権も、アメリカの政権も、中国寄りになっていて、中国にとっては非常にいい環境《かんきょう》になっているとは思います。

胡錦濤守護霊　そうなんだよ。やっと正当に力が認められてきたところだな。

C――　先ほど、麻生《あそう》さんの名前が出ましたが、麻生元首相については、どのように見ておられたのでしょうか。非常に嫌《いや》でしょうか。

胡錦濤守護霊　あれは短気だからね。短気だからいかん。中国人は大人物《だいじんぶつ》以外、相手にしない。短気の人物は駄目だな。うん。

C――　麻生元首相が言っていたようなかたちで、日米同盟を強化し、かつ、インドなどの民主主義国とつながっていくことが……。

胡錦濤守護霊　インドが民主主義国だって？　そんなことはないよ。カースト制の国家じゃないか。何を言っているんだ。中国にはカースト制はないよ。

C――　まあ、「そうした同盟国をつくっていく」という麻生元首相の戦略が嫌だったのでしょうか。

胡錦濤守護霊　ん？

C――　日本が、インドやオーストラリアなどと関係を深めていくという戦略です。

胡錦濤守護霊　そんな弱いもの同士が集まったって、どうしようもないだろう。この大国に対抗《たいこう》できるわけがない。意見がバラバラの弱い国が集まって、何をするんだ？　密談するのかねえ。われらが本気になれば、もう全部いちころさ。アメリカだって、もう叩《たた》き潰《つぶ》せるんだからな。

一定規模になった宗教は必ず弾圧《だんあつ》する

C――ただ、中国の国内を見ますと、非常に不安定な状況も起きています。

胡錦濤守護霊　不安定なことはない。ちゃんと治安部隊が頑張ってるよ。

C――言論の自由、信教の自由を認めないということで……。

胡錦濤守護霊　暴動は、全部、確実に、百パーセント鎮圧《ちんあつ》していますよ。

C――胡錦濤国家主席は、一九八九年に、チベットで暴動が起きたときに、これを鎮圧し、その後、一気に出世をされたわけですが、ご自身でも、やはり、このときのことが、出世のきっかけになったとお考えですか。

胡錦濤守護霊　わしは、鎮圧の名人だからね。だから、あらゆる暴動は全部鎮圧するよ。

国家には安定が大事である。うん。安定が信用のもとだな。国家が安定していることで、国民は安らぎ、心の平和を取り戻《もど》すことができる。暴動を起こす反乱分子は、徹底的《てっていてき》に弾圧《だんあつ》しなくてはいけない。

C――　「今後、言論の自由や信教の自由を認め、拡大していく」というお考えはありませんか。

胡錦濤守護霊　共産党を支持するような内容なら構わないよ。

C――　私《わたくし》たちは、幸福の科学と申しますが、中国のみなさんにも、幸福の科学の教えを、学んでいただきたいと思っています。

胡錦濤守護霊　創価学会に学びなさい、創価学会に。

創価学会は、中国と友好関係を結ぶために、どれだけの労力を払ったと思っているんだよ。池田大作が、中国の各大学にどれだけ献金《けんきん》をして、名誉博士号《めいよはくしごう》をもらって歩いているると思ってるんだ。君、中国と誼《よしみ》を結ぶためには、あの程度の努力をしなきゃいけないよ。

君たちは、中国に出している金が少なすぎる。君たちの教団の収入の、まあ、三分の一ぐらいは中国に寄付しなさい。そうしたら、名誉博士号をいっぱい出してあげるから。

C――　そうしたものは必要ありません。

胡錦濤守護霊　ん？　要らないって？　君たちは、なんという貧乏性なんだ。

C――　私たちとしては、幸福の科学の教えを、中国のみなさんにも学んでいただきたいと……。

胡錦濤守護霊　池田大作のほうが、ずっと懐《ふところ》が深いなあ。

C――　まあ、今、中国人のなかにも、幸福の科学の教えを学んでいる人が増えております。ですから、今後も……。

胡錦濤守護霊　それは、一定の規模になったら、弾圧しなきゃいかんな。

C――　特に、上海など、南部の発展している地域になると、やはり、心の教えを求める方たちがたくさんおります。

胡錦濤守護霊　まあ、宗教は、詐欺《さぎ》まがいのことをよくするので、気をつけないとな。国家の屋台骨を揺《ゆ》るがすことがあるので、おできと一緒で、あんまり大きくならないうちに潰しておかないといけないんだ。

C――　やはり、「信教の自由、あるいは宗教が広がることが、いちばん嫌だ」ということでしょうか。

胡錦濤守護霊　ああ、宗教ね。まあ、君、中国は、宗教と名乗るものの反乱の歴史なんだよ。だから、もう、これは、大きくなる前に必ず潰さなきゃいけないんだ。

十分《じっぷん》もあれば、日本など全滅《ぜんめつ》させられる

C――　また、私《わたくし》どもは、昨年、幸福実現党を立ち上げました。

胡錦濤守護霊　君たちは、なんだか、すごい強硬《きょうこう》なことを言うんだよな。

C――　いちばん心配しておりますのは、中国の覇権《はけん》主義です。

胡錦濤守護霊　ああ、もう勝てないから、あきらめなさい。君たちは、あきらめが悪すぎるよ。君たちが、中国の今の軍事力に勝てるわけがないだろう。

C――　今後、防衛力を強化して……。

胡錦濤守護霊　何を言ってる。憲法も改正できなければ、核兵器《かくへいき》もつくれない。なのに、なぜ中国に対抗できるのか。もう、それは、赤《あか》ん坊《ぼう》とプロレスラーぐらいの違いがあるんだよ。君、それを自覚しなさい。

C――　現時点では、軍事的には弱い立場ですが、ただ、潜水艦《せんすいかん》をたくさん持つとか……。

胡錦濤守護霊　僕はねえ、君たちを、十分《じっぷん》で全滅《ぜんめつ》させられるんだよ。僕の命令一つなんだよ。

C――　ただ、核兵器を持てなくても、北京《ペキン》を狙える巡航《じゅんこう》ミサイルを持つとか……。

胡錦濤守護霊　これから、つくるのかい？　いやあ大変だね。

C――　いや、現時点でも技術はあります。

胡錦濤守護霊　大変だねえ。これから、つくるのかい？

C――　JAXA《ジャクサ》（宇宙航空研究開発機構）もありますので、技術はあります。

胡錦濤守護霊　うちは十分《じっぷん》で撃《う》てるからね。十分で君たちの所へ届くからね。まあ、最初の一撃で、日本人の半分は死ぬね。うん。

日本は、私の掌中《しょうちゅう》にある。私はお釈迦《しゃか》様みたいなもんだな。私の手のなかで、君たちは、飛び回っているんだよ。アッハハハハ。

だから、菅直人とか、鳩山とか、小沢とかは、正しい判断をしてきたんだよ。君、中国のご機嫌《きげん》を取る以外に、もう、日本が生きていく道はないんだよ。うん。

C——　ただ、最近、日本人も、「中国の軍拡がこのまま進むと、日本は危なくなる」ということに気づき始めています。

胡錦濤守護霊　日本人は考えが遅《おそ》いからね。ゆっくり、十年、二十年と考えているんだろう。その間《あいだ》に、中国人が、日本の土地や建物を、しっかり買いあさってくれるから、日本のなかに〝中国領〟がいっぱいできるようになるよ。

C——　幸福実現党としては、今回の参院選などを通して、日本人を目覚めさせていきたいと思っています。

胡錦濤守護霊　まあ、民主党に法律改正をされて、宗教が締《し》め上げられないように、おとなしく活動するんだな。君たち、あまり派手にやると、予算のところを締め上げられて、動けなくされるよ。

「チンギス・ハンを超《こ》えること」が目標

C――　中国は、確かに、軍事的には強くなってきていると思いますが、経済的には、まだ実際に弱いところもあります。

胡錦濤守護霊　うーん。

C――　暴動も、年に十万件以上、起きていると言われています。

胡錦濤守護霊　いやあ、あまりにも発展速度が速くて、まあ、十倍速で走っているところがあるから、それは、貧富の差は出てくるよ。置いてけぼりを食ったやつが、ギャアギャア暴れているだけであって、そいつらも働きゃいいんだ。わしはそう思うよ。

うん。だから、追いつきゃいいんだよ。もう、「必死で走れ！」っていうんだ。

C――　中国のみなさんも、豊かになってきて、政治的な自由を求め始めていますので、全体主義体制が、今後、長く続くことはありえないと考えております。

胡錦濤守護霊　いやあ、まだまだ、これから、三百年は中国の時代が続きますよ。だから、それを考えたら、「今の民主党は正しい」と判断しなきゃいけない。

C――　これまで、全体主義国家が何百年も続いたケースはありません。ソ連もそうでしたが、全体主義国家は、必ず、数十年で潰れております。

胡錦濤守護霊　わしは、チンギス・ハンを超《こ》えることを目標にしているからな。フフフフフ。

4　自分が霊《れい》であることを認めない胡錦濤守護霊

C――　最後に、一つ、お伺《うかが》いしたいのですが、あなた自身は、過去、どのような人生を……。

胡錦濤守護霊　君、何を言っているんだよ。中国は唯物論《ゆいぶつろん》国家なんだ。そんな過去なんて……。

過去って、女のことか。女はいるよ。

C――　いや、あなた自身も、過去、中国に生まれているのではないでしょうか。

胡錦濤守護霊　ん？

C――　あなたは霊《れい》ですよね。

胡錦濤守護霊 ん？

C―― 過去、必ず生まれているはずです。

胡錦濤守護霊 いやいや、そんなことはない。霊ではなくて、わしは「意識」だよ。わしは意識で、胡錦濤の意識だ。胡錦濤の意識が、さっき、クレーン車でつかまれて、引き剝《は》がされて、引っ張ってこられたんだよ。だから、今、胡錦濤の頭は空っぽだから、早く戻《もど》らないといけない。

C―― もう一つ、お伺いしたいのですが。

胡錦濤守護霊 ん？

C―― あなた自身は、暗い所におられましたか。

胡錦濤守護霊 君、何を言ってる。わしは肉体に取り憑《つ》いておるのに、なんてことを言うんだ。

C――　取り憑いていた？

胡錦濤守護霊　ああ、いや、取り憑くというか……。日本語は難しいな。いや、そうではなくて、そう！　肉体を操縦しておった。

C――　操縦していた？

胡錦濤守護霊　うん。

C――　天国という世界にいたのですか。

胡錦濤守護霊　君、共産主義国家においては、天国や地獄《じごく》、あの世などという迷信はないんだよ。何を言ってるんだ、ばかなことを。

C――　あなたは、霊界を認識していないし、天国も分からないと。

胡錦濤守護霊　人間に意識があることは認めるよ。うん。意識はある。だから、わしは胡錦濤の意識である。だから、わしが抜《ぬ》けているので、やつは、今、寝《ね》ているだろう。きっと昼寝をしておるのではないかな。

C――　あなたは霊ですが。

胡錦濤守護霊　いや、わしは、霊ではなくて、意識だと言っているんだ。唯物論国家に霊はないんだよ。

C――　そうすると、あなたが亡くなったあとは、どうなるとお考えですか。

胡錦濤守護霊　亡くなるって、何だ？

C――　胡錦濤さんが、お亡くなりになったらです。

胡錦濤守護霊　それは灰になるだろう。

C――　灰になる？

胡錦濤守護霊　うんうん。それは灰になる。

C――　私たちは宗教ですので、あえて言わせていただきますと、唯物論者は、死後、地獄に行くことになります。

胡錦濤守護霊　それは、何のことを言っているのか、ちょっと意味不明だな。君らは麻薬中毒患者《まやくちゅうどく》だろう？　君、中国では気をつけたほうがいいよ。麻薬を持っていると、死刑《しけい》になるからね。麻薬は吸わないようにしなさい。これから禁欲しなさい。節制して、麻薬でそんな夢を見ないように気をつけるんだね。

C――　まあ、今日は、やや〝乱暴な〟かたちではあったかもしれませんが、突然《とつぜん》、お呼びいたしまして……。

胡錦濤守護霊　君、国家主席に対して、儀仗兵《ぎじょうへい》もいなければ、ウエイターもいなければ、何にもいない。ウエイトレスはちょっといるか。まあ、ほとんど歓迎《かんげい》ムードがないじゃないか。

中国国旗も飾《かざ》っていないし、迎賓館《げいひんかん》でもないし。なんだかスタジオのようであるが、それにしては、貧弱な感じがする。

君、屏風《びょうぶ》を出すとか、アヤメなど季節にあった花を飾るとか、もうちゃんと歓迎の仕方を考えなさいよ。君、こんなことでは、国賓を接待するだけの資格はないよ。

C―― 申し訳ございません。

ただ、本日、お話を伺いまして、「胡錦濤国家主席の考えどおりにいくと、中国の国民も幸せにはならない」ということが、よく分かりました。

胡錦濤守護霊 なんだか、まあ、この仕組みはよく分からないけれども、とにかく、頭から意識だけスポッと抜かれた感じなので、元に戻らないといかんのだが……。君らは、いったい、何者なんだ？ おれは夢を見ているのか。

C―― 私たちとしては、中国国民の幸福というものを考えて、今後とも、中国には、信教の自由や民主化を求めていきたいと思います。

胡錦濤守護霊 うーん。まあ、信教の自由というか、そんな、〝アヘンの自由〟は認めないんだよ。

言っておくが、人民を迷わせたりしたら、弾圧《だんあつ》するからね。忠告しておくよ。大きくなったら弾圧する。だから、そういう世迷言《よまいごと》を言って、人を迷わせたりしないようにしなさい。

「死んで、あの世がある」などと嘘《うそ》をついて、金儲《かねもう》けをするんじゃないよ。これは、アヘン中毒患者の金稼《かねかせ》ぎのためにやることなんだからな。アヘンを買うために、金を稼がないといかんので、そういう宗教が流行《はや》るんだよ。気をつけたほうがいい。

C――　本日は、突然、お呼び立てしましたが、本当にありがとうございました。

胡錦濤守護霊　そうかい。まあ、悪夢だな。悪夢をちょっと見てしまった。早く忘れよう。早く忘れることにする。うん。

大川隆法　はい、こんなところです。

第4章

仙谷由人氏の「本心」に迫《せま》る

二〇一〇年六月二日　仙谷由人の霊示

仙谷由人《せんごくよしと》（一九四六〜）

民主党の衆議院議員（徳島1区選出）。徳島県に生まれ、徳島県立城南《じょうなん》高校卒業後、東大に入学、法学部に進んで弁護士となった。日本社会党から衆院選に立候補して初当選、その後、民主党に参加する。鳩山由紀夫《はとやまゆきお》内閣で国家戦略担当大臣等を務め、菅直《かんなお》人《と》内閣では官房長官《かんぼうちょうかん》に就任。政治学者の故・丸山眞男《まるやままさお》の信奉者《しんぽうしゃ》である。

［質問者はDと表記］

1　幸福の科学や宗教を、どう思っているのか

仙谷氏の守護霊は、幸福の科学を「迷惑《めいわく》だ」と感じている

大川隆法　では、仙谷由人氏の守護霊を呼びましょうか。それほど時間をかけないで、簡単に済ませましょう。

（合掌《がっしょう》し、瞑目《めいもく》する）

民主党の指導者の一人、仙谷由人代議士の守護霊を招霊《しょうれい》いたします。

仙谷由人氏の守護霊、仙谷由人氏の守護霊、仙谷由人氏の守護霊、願わくは、幸福

の科学総合本部に降りたまいて、われらに、その本心を明かしたまえ。仙谷由人氏の守護霊、仙谷由人氏の守護霊、仙谷由人氏の守護霊よ。

（約十秒間の沈黙《ちんもく》）

仙谷由人守護霊　フン。

D――　仙谷由人さんの守護霊でいらっしゃいますか。

仙谷由人守護霊　大川さんとこかあ。もう、困ったなあ。ほんとに、これには困ってるんだよ。うーん。徳島県に、こんなのが出てきて、ほんとに、もう、迷惑《めいわく》してるんだ。まあ、どうにかならないかなあ。

D――　大川隆法総裁は、徳島県立城南《じょうなん》高校と東大法学部で学ばれ、仙谷さんの後輩《こうはい》に当たります。

仙谷由人守護霊　いやあ、困ってるの、これ。もう、この人のおかげで、ほんとに頭が狂《くる》いそうだよ。ああ。幸福の科学は、徳島じゃなくて、香川《かがわ》か愛媛《えひめ》か、そっちに行ってもらえないかなあ。

D――　幸福の科学は「徳島発の世界宗教」を目指しており、これは、徳島県民にとって、たいへん名誉《めいよ》なこと、たいへん誉《ほま》れ高いことであろうと思います。

仙谷由人守護霊　いや、そういうのは困るんだよ。ほんとに迷惑なんだよ。「徳島に生まれるなら、許可を取ってから生まれてくれ」っていうんだよ。こっちは先に生まれてるんだからね。俺の許可を、ちゃんと取ってから生まれてくれよ。おまえたちは龍馬《りょうま》が好きなんだろう？　高知《こうち》に生まれてくれ、高知に。「坂本龍馬の生まれ変わり」っちゅうことで。

D――　全国の信者が、徳島を、聖地として、たいへん敬っております。

仙谷由人守護霊　だから困るんだよ。ほんとに、もう、迷惑していて、うるさくて、うるさくて、しょうがない。幸福の科学の信者っていうのが、あっちからも、こっちからも、やいのやいの言ってくるんで、ほんとに、わしは困ってるんだよ。わしは、もう、悪人にされてしまっておるんだ。どうにかしてくれよ、君。

君、政調会長？

D――　はい。

仙谷由人守護霊　だったら、君の権限で、「仙谷由人の悪口は、一切、言わないように」「近寄らないように」「選挙の邪魔《じゃま》をしないように」という指示を、三カ条、今日《きょう》、即《そく》日《じつ》、出してくれないかなあ。

民主党の議員たちに「幸福の科学をやめろ」と言っている

D――　われわれが聞いたところでは、仙谷さんは、民主党の「幸福の科学の信者」に対して、「もう信仰をやめろ」と言っているそうですが。

仙谷由人守護霊　うん。そりゃそうだよ。ずっと言っているよ。

D――　それは「信教の自由」の侵害《しんがい》ではないのですか。

仙谷由人守護霊　徳島県に、こんな宗教をつくられて、ほんと、えっらい迷惑してるんだから。徳島県人として恥《は》ずかしいよ。

D――　それは、「政治家に信教の自由を認めない」ということでしょうか。

仙谷由人守護霊　ん？　まあ、とにかく徳島県だけはいいんだよ。よそへ行ってくれれば、別に、認めてもいいよ。だから、他県には「信教の自由」をあげてもいいけど、徳島だけは勘弁《かんべん》してくれ。もう、ほんと、うるさくてしょうがないわ。

D――　あなたには、弁護士として、「信教の自由」を護る気持ちはないのでしょうか。

仙谷由人守護霊　弁護士？　まあ、弁護士でも、左翼《さよく》弁護士っていうのは、そんなものを信じないんだよ、君。何を言ってるんだよ。信教の自由には、「信じる自由」と

「信じない自由」とがあって、左翼弁護士は、信じない自由を選んでいるんだよ。

D――　しかし、それは、「信じる自由を弾圧《だんあつ》する」ということではないでしょうか。

仙谷由人守護霊　「徳島県以外だったら構わない。弾圧しない」って言ってるんだ。

だから、高知に行って、大川さんを、「龍馬の生まれ変わり」にしてくれたらいい。「エル・カンターレ」とか、ややこしいことを言わないで、「坂本龍馬の生まれ変わりであり、幸福実現党を立てた」って、そう言ってくれたら、すっきりする。それでいいじゃないか。そして、全部、落選して、最後は潰《つぶ》れるんだから、それでいいじゃないか。なあ。そうしたほうが理論的にすっきりするよ。

だから、本拠《ほんきょ》を高知県に移して、「坂本龍馬の生まれ変わりが大川隆法」っていうことにして、大川さんが幸福実現党の総裁になり、大勢で立候補して、また全員が落ち、何回も落ちて、二回やっても三回やっても全滅して、解散すると。おお、これが、いちばんいいや。いちばん、きれいなかたちになるわな。

D――　いえ、われわれは、徳島を、大川隆法総裁のお生まれになった聖地として、世界の宗教の中心地にしていきたいと思っております。

仙谷由人守護霊　いや、それを言われるから（舌打ち）、困ってるんだ。君、一年に何回、それを言われると思ってるんだ。それには、もう、ほんとに、まいってる。キョーエイにさえ、買い物に行けなくなってるんだ（会場笑）。どうしてくれるんだよ。買い物にも行けないじゃないか。ほんっとに、もう、困っとるんだよ。あんまり信者企《き》業《ぎょう》を徳島につくらないでくれよ。

D――　いえいえ。また、信者のみなさんは、「阿波踊り《あわおど》」にも参加しております（笑）。

仙谷由人守護霊　阿波踊り？　あんなのに出る資格はないよ。ほんとに、もう、困ったよ。

D――　いえいえ、地域の方々にも、今、どんどん浸透《しんとう》をしております。

仙谷由人守護霊　わしが、ちょっと、民主党議員に、「もう幸福の科学をやめろ」と言ったぐらいのことで、そんなにギャアギャア言うことないじゃないか。

D――　それは、「信教の自由」に対する大変な……。

仙谷由人守護霊　「幸福の科学をやめろ」って言うことは、まあ、「言論の自由」だよ。君、何を言ってるんだよ。

D――　いえ、それは「信教の自由」に対する弾圧です。

仙谷由人守護霊　いやいや、「言論の自由」だ。私は、良心に基づいて、そういう悪い宗教に引っ掛《か》からないように、仲間を引き上げ、救ってるんだ。

D――　もう、民主党議員を続けられないようなところまで……。

仙谷由人守護霊　だから、わしとは反対の意見を言う弁護士もいるだろうが、そういう人には、それを言わせたらいいんだろうけどね。

「日本を護《まも》る」という気概《きがい》はあるのか

去年の衆院選で、幸福実現党は、わしの相手として、あんな〝ひよっこ〟をぶつけてきおったから、ほんとに、失礼な話だね。

あれ、なんだ？　近藤っちゅうんか。なんか、ガキをぶつけてきて、ほんとに腹が立つな。わしみたいな、総理・総裁を目指しているような人間のところに、あんな、まだ二十六やそこらのガキをぶつけてきおって、この宗教は、わしをなんだと思ってるんだ。ほんとに許せんわ。

「出てくるなら、大川隆法が出てこい」っちゅうんだ。そしたら、頭かち割って、ほんとに、もう二度と立ち上がれないぐらい、こてんぱんにやっつけてやるからな。わしのほうが十倍ぐらい支持を得てることを天下に公表してやるからな。「近藤なんか出さずに、大川隆法、出てこい！」っちゅうんだ。こてんぱんに潰してやるからな。

許さないからね、ほんとに。

D——　彼は、まだ若いですけれども、「この国を護る」という志においては、仙谷さんを上回っています。

仙谷由人守護霊　どこが上回っているんだ。

D——　志を持っております。

仙谷由人守護霊　え？　年齢《ねんれい》は、わしのほうが上じゃ。

D——　年齢は上回っておりますけれども、志においては……。

仙谷由人守護霊　頭は、わしのほうが上じゃ。どこが上回っとるんだ。言ってみろ。

D——　例えば、先ほど、胡錦濤《こきんとう》の守護霊が出てきて、「中国は日本を属国化する」という本心を語っておりました。

仙谷由人守護霊　ああ、そう。それは「言論の自由」だよ。そう言うのは勝手だよ。

アメリカだって、中国を占領したかろうよ。

D――　これに対して、「日本を護《まも》る」という気概《きがい》を、仙谷さんは、お持ちでしょうか。

仙谷由人守護霊　ん？　日本を護る？　そんなもんは自衛隊の仕事だろうが。わしの仕事でないわ。

徳島が幸福の科学の「聖地」であることを嫌《いや》がる理由

D――　次期首相とも言われているなかにあって、そういう他人事《ひとごと》のような考え方では……。

仙谷由人守護霊　次期首相？　君、たまには、お世辞を言うんだな。

D――　はい（笑）。次期首相候補のお一人として、今、名前が挙がっております。

仙谷由人守護霊　次期首相ね。まあ、すぐには首相にしてくれんかもしれないけど、二、三年中には、あるかもしらんな。近年中にはなあ。うん。

徳島県から首相が出ようとしてるときに、幸福の科学がそれを邪魔するっていうことは、君、許されないよ。〝弘法大師《こうぼうだいし》以来の犯罪〟だよ、ほんとに。許されないことだよ。

徳島県人としては、もう、罷免《ひめん》したいな。徳島県人の罷免はできないか。まあ、でも、徳島県民であったということを、経歴から抹消《まっしょう》していただきたい。

で、「聖地」っていう言葉は取っていただけないかなあ、もう、ほんとに。

あと、信者の聖地巡礼《じゅんれい》っちゅうのも、かなわんねえ。もう、やめていただけないかな。日本全国とか世界から来るとかいうのを。今後、ますます来るのかと思うと……。

D――　はい。今後、世界中から大勢の人々が聖地・徳島へ巡礼に来ます。これは、徳島にとって、たいへん誉れ高いことであろうと思います。

仙谷由人守護霊　ああ？　いや、困るじゃないか。わしが首相になることの妨《さまた》げになるからな、それが。わしが首相を務め終わったら、あとは、まあ、少しは我慢《がまん》してやるけれども、今は、邪魔になるからいけないよ。

わしが街を歩けないようでは困るじゃないか、君。こんなことでは総理ができないじゃないか、総理が。新町橋《しんまちばし》を歩いていたら、「幸福の科学の信者です」とか言って、「正心宝《しょうしんほう》」（幸福の科学の宝具の一つで、首にかけて身につける）を下げてる人から、声をかけられるんだよ。わしは逃《に》げなきゃいかんじゃないか。「暗殺されるか」と思うじゃないか。そんなの、困るよ。どうにかしてくれ！

D――　徳島では、今後も、引き続き、しっかりと伝道をしてまいります。

仙谷由人守護霊　いや、もう、あの「聖地」っていう言葉を外してもらえないかな、ほんと。

D――　それはできません。

仙谷由人守護霊　だから、もう、高知に行ってくれ。高知、高知。高知は、いいよ。

D――　徳島は「永遠の聖地」でございます。

仙谷由人守護霊　土佐《とさ》の人は、みんな骨があって、男は男らしいし、女は女らしいし、そりゃあ、高知は、いいよ。やはり、幸福の科学の四国本部は高知に移すべきだな。あっちは、いい。龍馬空港がある。徳島の阿波おどり空港なんて、さみしいもんだな。あっちに行け、あっちに行け。それがいいよ。

高知は、今、人材を欠いとる。徳島には、わしがおるから、もう人材は要《い》らん。もう、これ以上の人材はいないからな。

だから、もう、もう、徳島は勘弁してくれ。頼《たの》むから、幸福の科学には、どこかに行ってほしい。お願いするから、どこかに行ってくれ。

君は、立派な政調会長だろ？

D――　いえいえ。

仙谷由人守護霊　君の一存で全部が決まるんだから。

D――　いえ、そういうことはありません。はい（会場笑）。

仙谷由人守護霊　え？

D――　ハハハハ。徳島は、大川隆法総裁がお生まれになった「永遠の聖地」です。

仙谷由人守護霊　だから、徳島だけ外《はず》してくれたら「信教の自由」を認めるからさあ。

D――　いえいえ。

仙谷由人守護霊　もう、ほんと、幸福の科学には、まいっているんだよ。もう、これさえなきゃ、わしは、もしかしたら、ほんとに総理・総裁になれそうなんだ。

幸福の科学の徳島県人に後ろから矢を射かけられたら、もう、どうしようもないでしょうが。わしが国会に専念してたら、下手《へた》をすると、ほんとに、地元のほうを崩《くず》されるおそれがあるじゃないか。

聖地と称《しょう》して、ゾロゾロゾロゾロ、信者に、いっぱい来られたら、どうするんだ。もし、全国の信者が徳島県に戸籍《こせき》を移したら、どうするんだ、君。危ないじゃないか。

万一《まんいつ》の場合には、落選するじゃないか。なあ。もったいないことになる。わしの言論の自由がなくなるよ。

D――　私たちは、聖地・徳島から、宗教弾圧をするような総理が出ることを望んでおりません。

仙谷由人守護霊　いや、徳島県人は望んでいるよ。うん。徳島県人は望んでいる。

D――　いいえ。

仙谷由人守護霊　まあ、後藤田正晴《ごとうだまさはる》が副総理までしか行けなかったから、「仙谷さんには、ぜひ総理に」っていう声が、わしの支持者からは上がってるよ、少なくともな。

D――　ただ、私たちは、「信教の自由」を弾圧するような人を総理にすると……。

仙谷由人守護霊　弾圧してないって！

だから、「徳島以外では自由だ」って言ってるんだ。「徳島の場合、わしが大川さんより先に生まれたんだから、わしのほうに先に権利があるんだ」って言ってるんだ。「あとから生まれた者には、先にいた者を追い出す権利はないんだ」って言ってるんだ。だから、わしが終わってからにしてくれって言ってるんだよ。

D――　しかし、「徳島県以外の民主党議員も弾圧していた」と聞いています。

仙谷由人守護霊　まあ、ちょっとは、やってるわ、確かに。

D――　何か、おっしゃることの整合性が取れていないのではないでしょうか。

仙谷由人守護霊　ちょっとは、やってるけれども。

まあ、基本的に、ちょっと勢力を削《そ》いでおかないとな。あんまり元気になりすぎるといけないからね。あまりにも元気で、血の気が多いと、やはり高血圧のもとだから、血を抜《ぬ》かなきゃいけない。ちょっと戦力を削いでおかないと、やはり、聖地へと人々が来るからね。

幸福の科学があまり大きくならんほうが、今は都合がいいので、ちょっと、おとなしくしてくれたらいいんだよ。うん。

宗教に対する見方には丸山眞男《まるやままさお》の影響《えいきょう》がある

D――　仙谷さんは、宗教に対して、どのような見方をしていらっしゃるのでしょうか。

仙谷由人守護霊　まあ、知ってるくせに。君、聞いただろうが。わしは丸山学派《まるやまがくは》だからな。

最近、大川さんは丸山の悪口を書いたな！（『日米安保クライシス』〔幸福の科学出版刊〕参照）　ああいう〝悪い本〟を出して、ほんとに悪い宗教だなあ。丸山眞男《まさお》を尊敬してる人が、どれだけいると思ってるんだ。そういう人たちが、みな、ショックを受けた。彼らに対して、ショックを与《あた》えたな。

D――　仙谷さんは、若いころには、枕元《まくらもと》に丸山眞男の本を置いて、夜な夜な読んでいらっしゃったと聞きました。

仙谷由人守護霊　（舌打ち）いや、君ね、それを知ってて、大川さんは、あの本を出したんだろう。知ってて書いたな。

D――　その丸山さんの霊は、「政治というのは表の世界で、宗教というのは裏の世界だ」ということを言っておりました。

仙谷由人守護霊　うーん、まあ、そのとおりなんじゃないか。
あんたがたは、裏から見てるから、われわれの活動について、「地獄《じごく》だ」とかいう言い方をするんじゃないの？　だから、地獄は、そっちなんじゃないか。裏から見てるから、表が裏に見えて、天国が地獄に見えるんだよ。

D――　いえ、丸山眞男さんが地獄に堕《お》ちているんです。

仙谷由人守護霊　そんなこと、誰にも分からないじゃないか。

D――　丸山さんが「六〇年安保」を闘《たたか》った相手である岸信介《きしのぶすけ》さんは、もう天上界《てんじょうかい》に還《かえ》っておりました。

仙谷由人守護霊　そんなことは誰にも分からない。

要するに、「右翼が天国で、左翼は地獄だ」って言ってるだけだろう？　だけど、そんなことはないよ。

われわれは、「ベトナムに平和を」ということで、そのための活動をやってたんだからね。そういう勢力なんだから、平和勢力なんだよ。うん。

D――　丸山さんの霊にも、今回のようにお越《こ》しいただいたところ、「今、自分がどこにいるかも分からない」という状態でした。やはり、地獄という暗い世界にいらっしゃるのです。

仙谷由人守護霊　君らは、それを決め付けるから、ほんと困るんだ。

丸山先生の本をよく読みなさいよ。丸山先生は、その霊言集で言ってたじゃないか。「そういうことは明治以前の人の考えだ」って。「近代人は、そういうことを考えないんだ」って。そう言ってただろう？

仙谷由人氏の守護霊には、自分が霊であることの自覚がない

D――　仙谷さんの守護霊ご自身は、霊であるという自覚をお持ちですか。

仙谷由人守護霊　え？　わしが霊だって？　わしが霊だっていうのか。

D――　はい。

仙谷由人守護霊　わしが霊？　わしが霊か。うん？　わしが霊？　確かに、守護霊として呼ばれたなあ。わしが霊だって？

わしが霊っていうのは、これ、どういうことなんだろう。霊って、どういうことなんだろうねえ。わしが霊っていうのは、どういうことなんだろうね。どういうことなんだ？

D――　今、仙谷さんご本人は永田町にいらっしゃると思いますが、その守護霊であるあなたが、今、霊として、こちらに呼ばれたのです。

仙谷由人守護霊　わしは、仙谷であって、仙谷ではない。わしは、仙谷ではあるけれど、仙谷でない。霊？　わしは霊であって、生きている。あれ、おかしいな。なんでだろうな。

本人は永田町で生きている。仕事をしている。わしは霊で、仙谷である。しかし、わしは、永田町にいないで、幸福の科学にいる。そして、わしは、霊であるけど、生きている。生きているけど、死んでいる。

なんだ、これは、いったい。禅問答《ぜんもんどう》じゃないか（会場笑）。さっぱり分からない。

D――　フフフフ。あの世というものがありまして、今、仙谷さんの守護霊であるあなたは、「霊」という存在なんです。あの世の存在、霊魂なんです。

仙谷由人守護霊　「霊」っていう言葉が、わしは好きではないんだ。

あの「御霊前《ごれいぜん》」とかいうのも、ほんとに……。いや、まあ、わしは政治家だから、冠婚葬祭《かんこんそうさい》は、やってるよ。葬式には、毎日、出てるけどね。そりゃ、冠婚葬祭には、秘書が行って、お金を包んで渡《わた》してるけど、それは、まあ、しょうがないわな。四国は弘法大師の霊場《れいじょう》だから、真言宗《しんごんしゅう》の葬式ぐらいは知ってるけど、まあ、そんなもの、あまり本気にしちゃいけないよ、ほんとに。

信仰はなく、単に宗教団体の票が欲しいだけなのか

D――　仙谷さんは、新宗連《しんしゅうれん》（新日本宗教団体連合会）の集まりに出て、「宗教者として応援したい」というようなことをおっしゃっていましたけれども、「根本《こんぽん》では信じていない」ということですか。

仙谷由人守護霊　うーん（舌打ち）、君、よく知ってるなあ。

まあ、単に票が欲しいんだよ、それは。単に票が欲しいだけだがな。

うーん、君、それを言っちゃ、危ないんじゃないかあ。おう、危ない危ない。引っ掛かるところだった。危ない危ない。危ない危ない。

いや、いい宗教は信じているよ。いい宗教は信じている。ただ、わしの敵になるような宗教は信じていない。それだったら、信教の自由だよ。アハハハハ。ざまあ見ろ。ハハハハ。

D――　幸福の科学は、いい宗教です。

仙谷由人守護霊　だけど、わしの足元を侵しているじゃないか。だから、なんか、みんなに脅迫《きょうはく》されて、困ってるんだよ。いったい誰が幸福の科学の信者か分かんないから、徳島県を、もう、おちおち歩けないんだよ。

D――　幸福の科学の信者は大勢おります。

仙谷由人守護霊　ホテルにもいれば、飲食店にもいる。喫茶店《きっさてん》にもいれば、タクシーの運転手にもいる。あっちからも、こっちからも出てくるから、もう、戸別訪問なんか、できやしないんだよ。行ったら、「南無妙法蓮華経《なむみょうほうれんげきょう》」ではなくて、〝南無エル・カンターレ〟をやっとるから、もう、ほんとに、まいっちゃってね。

これは徳島の風土に合わないよ。これだったら、阿波八百八狸《あわはっぴゃくやだぬき》を祀《まつ》ってくれたほうが、わしは、よほどすっきりするな。金長狸大神《きんちょうだぬきおおかみ》でも祀ってくれたら、まあ、わしは安心して入っていけるけどな。

D――　これからも、ますます徳島に信者が増えてまいります。

仙谷由人守護霊　いや、困ったなあ。

D――　改心されたほうがよいかと思います。

幸福実現党との戦略提携《ていけい》の条件とは

仙谷由人守護霊　君、いい人だから、連立政権にしないか。なあ。

D――　フフフフフ（会場笑）。

仙谷由人守護霊　ちょっとだけ徳島での活動を緩《ゆる》めてくれれば、連立政権に入れてやってもいいんだよ。

D――　いえいえ。

仙谷由人守護霊　もしかしたら、君だけ当選するかもしれないじゃないか。

D――　いえいえ。

仙谷由人守護霊　君、参議院選挙に出るんだろう？　君だけ、もしかしたら、すごくいい人なんじゃないか。あとは、みんな、ひどい顔をしてるけど、君だけは、とってもナイスガイだよ。

D――　いえいえ（会場笑）。

仙谷由人守護霊　だから、君一人だけ当選する。「幸福実現党からも、一人か二人、当選するんじゃないか」という噂《うわさ》は、今、強いから、君一人だけ当選するかもしれない。君が、いちばんナイスガイだな、どう見ても。いちばん紳士《しんし》だよ。
　だから、君が当選したら、どうだい、ひとつ連立政権に入らないかい？

D――　いえいえ。仙谷さんが、きちんと「信教の自由」を認めないかぎり、協力はできません。

仙谷由人守護霊　いきなり大臣になるのは、ちょっと無理かもしれないけど、副大臣ぐらいだったら、君、ひとつ入れといてもいいよ。徳島を静かにしてくれたら、副大臣ぐらいのポストは提供するよ、君。

D――　いえいえ。

仙谷由人守護霊　君は、まあ、勉強家らしいじゃないですか。だから、どこの省に行っても、一生懸命《いっしょうけんめい》、勉強をして、やれるんじゃないかな。
　だから、戦略提携《ていけい》をしないか。

D――　いえいえ。やはり、「信教の自由」というものを認めていただき、信仰のところで問題がなくならないかぎり、提携することはできないのです。

仙谷由人守護霊　いや、わしは、もう年だから、いまさら考え方を変えることはできないけどね。

大川隆法さんは、いちおう後輩筋《こうはいすじ》に当たるんだよ。彼は城南《じょうなん》高校で東大法学部だろう？　後輩じゃないですか。先輩を助けるのが仕事じゃないですか。

だから、幸福の科学を、全部、わしの応援団にし、「仙谷さんを総理にしよう」という会に変えるべきだよ。そういう会に全部を持っていったら、それは、わしだって、幸福の科学で挨拶《あいさつ》ぐらいしますよ。

D――　仙谷さんの精進次第でございます。はい。

仙谷由人守護霊　ええ？　順序が先輩と後輩で逆だからねえ。わしが後輩だったら、それなりの礼儀《れいぎ》ぐらい尽《つ》くしますよ。しかし、わしが先輩なんだから、やはり、わしの自己実現を邪魔《じゃま》しちゃいけないな。

2 消費税などの税制を、今後、どうするのか

D――　ここで、話題を変え、政策について、お伺《うかが》いします。

仙谷由人守護霊　ああ。

D――　仙谷さんは、まあ、次期総理候補の一人と言われております。

仙谷由人守護霊　ああ、そうだねえ。

D――　仙谷さんは、四月に、鳩山《はとやま》内閣の閣僚《かくりょう》のなかでは真っ先に消費税率の引き上げに言及《げんきゅう》し、「消費税率を、このまま、四年間、上げないのは難しい」と言われましたが、これは、もう一度、解散して、国民に問うべき問題ではないかと思います。

仙谷由人守護霊　まあ、菅《かん》さんの次は、わしが財務大臣だろうから、それは、言っと

かないといけないわな（六月八日、官房長官《かんぼうちょうかん》に就任）。「消費税を上げないと、やはり、いかん」と、まあ、財務官僚が、みな、そう言うからな。

D――　財務官僚に言われて、そう考えていらっしゃるんですか。

仙谷由人守護霊　財務官僚が音頭《おんど》を取って、「事業仕分け」もしたけど、金が出てこないからな。

いや、あれだぞ、君、言葉を選ばないと、宗教からも金を取るぞ。ムハハハハハ。

D――　一部では、そういうふうに言われていますね。

仙谷由人守護霊　わしが財務大臣になったら、国税に梃子入《てこい》れしてだな、「徳島県に肩入《かたい》れしている宗教に、少しガサ入れしてもらえんか」とお願いすれば、少しは動いてくれるんじゃないか。

D――　それは、「宗教法人への優遇《ゆうぐう》税制の見直しも含《ふく》めて」ということでしょうか。

仙谷由人守護霊　いやあ、衆議院では、今、過半数を取ってるからねえ。解散さえ止《と》めることができれば、宗教法人法の改正ができるんだよ、君。残念だったなあ。うーん。君たちを生かすも殺すも、私の一存なんだよ。

D――　そうならないように、参院選でも最大限の努力をいたします。

仙谷由人守護霊　「仙谷由人を総理大臣に」っていう一派を、幸福実現党の徳島県連で立てたら、まあ、そういうことはなくなるな。課税強化はなくなる。

D――　基本的に、「宗教が嫌《きら》い」ということでしょうか。

仙谷由人守護霊　まあ、嫌いということはないが、個人的には、信じてはいないな。

D――　それは、やはり、根本《こんぽん》ではマルクスを信じているからではないでしょうか。

仙谷由人守護霊　マルクスというほど古くはないけど、進歩的知識人っていうのは、だいたい、みんな、宗教は否定しているんじゃないか。別に、私は異常でも何でもなくて、単なる進歩的知識人の一人なんだよ。

D――　先ほど、「宗教はアヘンだ」と胡錦濤《こきんとう》の守護霊が言っておりましたが、仙谷さんも、根本においては、そのような考えをお持ちだということでしょうか。

仙谷由人守護霊　まあ、なくても困りゃしないな。うーん。まあ、お寺を食べさせるためだけにあるようなものかな。

四国にだって霊場があるから、あまり根本的に否定するのは得策ではない。それは、讃岐《さぬき》うどんを否定するのと同じようなものだから、根本的否定は差し控《ひか》えたいとは思う。ただ、新しい宗教に関して、国民的チェックが入るのは、やはり、しかたがないんじゃないか。

D――　私も、その一人でありますけれども、宗教を信じることによって、本物の幸福、あるいは心の安らぎというものを得られている人が、本当に多いのです。

仙谷由人守護霊　うーん。

D――　こうした「宗教の公益性」を考えたとき、これを弾圧すること、あるいは、これに課税することに対しては、断固たる反対を行ってまいりたいと、私たちは思っております。

3　民主党と幸福実現党の連立は可能なのか

D――　お時間が長くなりましたので、今日は、これでお帰りください。

仙谷由人守護霊　ああ、そうかい。もう、しゃべらせてくれないのか。

D――　今日は、急遽《きゅうきょ》、お越《こ》しいただき、ありがとうございました。

仙谷由人守護霊　〝所信表明演説〟をやらせてくれるかと思ったら、できないのかあ。

D――　仙谷さんのお考えは非常によく分かりました。ありがとうございます。「宗教に対して弾圧《だんあつ》をし、信教の自由を認めない」という、全体主義的な考えをお持ちであることが分かりました。

仙谷由人守護霊　でも、君、まあ、万一のときには連立政権を考えようよ。

D――　いえいえ。

仙谷由人守護霊　君たちが、万一、まぐれで三議席とか五議席とか取ることもないとは言えないから、そのときには、「社民党に替《か》わって入る」っていうことは、あるじゃないか。

D――　いいえ、根本的に信条が異なりますので、それは無理です。

仙谷由人守護霊　そうかい？　それは分からないよ。大川隆法さんとは、ま、先輩《せんぱい》・後輩の仲なので、会った瞬間に、火花がパチパチッと散って、「いやあ、先輩」「おお、後輩」って、手を握ったりすることもあるかもしれない。君たちの頭越しに、こんなことがあるかもしれないぞ。

D――　ええ、それは、もう、仙谷さんの改心があれば、可能性としてはありますけれども、現状では無理でございます。

仙谷由人守護霊　わしは政治家だから、まあ、嘘をつくことには慣れてるので（会場笑）、いっくらでも、信仰心があるように言うぐらいのことはできますよ。

D――　宗教家に嘘は通じません。はい。

今日は、ありがとうございました。

仙谷由人守護霊　まことに残念なデビューであったなあ。

D――　はい。お考えが非常によく分かりました。

仙谷由人守護霊　でも、まあ、「胡錦濤《こきんとう》と並べてくれた」ということは、名誉ではあるので、それは評価する。

ただ、君らが、わしらに対して、不利益な扱いを、あまりするようであったら、まあ、わしは財務大臣になるかもしれないので、いちおう、警告だけはしておく。教団は、ちょっと身動きができなくなるかもしれないからね。いちおう、それは知っておいたほうがいい。

まあ、早めに仙谷由人応援団《おうえんだん》を徳島県につくっておいたほうが身のためだよ。うん。
アッハハハ。
D――　はい。胡錦濤さんの〝仲間〟だということが分かりました。
今日は本当にありがとうございました。
仙谷由人守護霊　そうかい。うん。
大川隆法　はい。以上です。ご苦労さまでした（笑）。

あとがき

私はひたすらに、「真理とは何か」「正しさとは何か」を追い求めている。特定の政治家や政党への先入観《せんにゅうかん》は持っていないつもりだ。

しかし、七十％台で発足した鳩山民主党政権が八カ月余りで支持率二十％を切った段階で、菅直人氏の新総理へと表紙をはりかえただけで首相の支持率が六十％台には ね上がった。マスコミの操作のまま動く国民世論の支持率は、もはやこの国が、「民主政」から「衆愚政《しゅうぐせい》」へと移行しおえたのではないかとの危惧《きぐ》を抱かせて余りあるものがある。

菅直人氏には前政権の副総理として連帯《れんたい》責任があり、賢く立ちまわってみせても、不作為《ふさくい》責任としての共同政治責任はある。守護霊見解をよく読んで、菅―仙谷ラインの怖さをよく知ることだ。ヒトラー、胡錦濤《こきんとう》の野望に屈しないためにも。

二〇一〇年　六月八日

国師《こくし》　大川隆法《おおかわりゅうほう》

『国家社会主義とは何か』大川隆法著作関連書籍

『民主党亡国論』（幸福の科学出版刊）
『マッカーサー 戦後65年目の証言』（同右）
『アダム・スミス霊言による「新・国富論」』（同右）
『未来創造の経済学』（同右）
『日米安保クライシス』（同右）

国家《こっか》社会主義《しゃかいしゅぎ》とは何《なに》か

――公開霊言 ヒトラー・菅直人守護霊・胡錦濤守護霊・仙谷由人守護霊――

2010年6月18日　初版第1刷

著　者　　大《おお》川《かわ》隆《りゅう》法《ほう》

発行所　　幸福の科学出版株式会社

〒142-0041 東京都品川区戸越1丁目6番7号

TEL(03)6384-3777

http://www.irhpress.co.jp/

印刷・製本　株式会社 堀内印刷所

落丁・乱丁本はおとりかえいたします

ISBN978-4-86395-056-6 C0030

Photo: AP/アフロ，ロイター/アフロ，新華社/アフロ

大川隆法 最新刊・霊言シリーズ

未来創造の経済学

公開霊言 ハイエク・ケインズ・シュンペーター

現代経済学の巨人である三名の霊人が、各視点で未来経済のあり方を語る。日本、そして世界に繁栄を生み出す、智慧の宝庫。

1,300円

ドラッカー霊言による「国家と経営」

日本再浮上への提言

「経営学の父」ドラッカーが、日本と世界の危機に、処方箋を示す。企業の使命から国家のマネジメントまで、縦横無尽に答える。

1,400円

景気回復法

公開霊言 高橋是清・田中角栄・土光敏夫

日本を発展のレールに乗せた政財界の大物を、天上界より招く。日本経済を改革するアイデアに満ちた、国家救済の一書。

1,200円

富国創造論

公開霊言 二宮尊徳・渋沢栄一・上杉鷹山

資本主義の精神を発揮し、近代日本を繁栄に導いた経済的偉人が集う。日本経済を立て直し、豊かさをもたらす叡智の数々。

1,500円

※表示価格は本体価格(税別)です。

大川隆法ベストセラーズ・霊言シリーズ

マルクス・毛沢東のスピリチュアル・メッセージ
衝撃の真実

共産主義の創唱者マルクスと中国の指導者毛沢東。思想界の巨人としても世界に影響を与えた、彼らの死後の真価を問う。

1,500円

マッカーサー戦後65年目の証言
マッカーサー・吉田茂・山本五十六・鳩山一郎の霊言

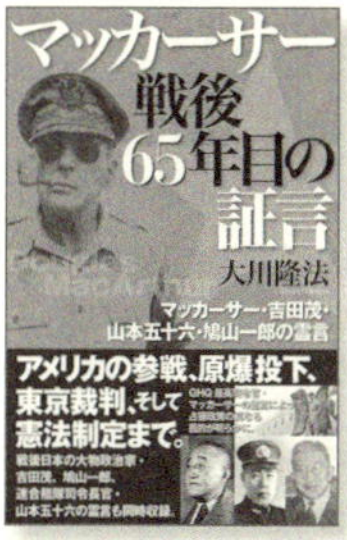

GHQ最高司令官・マッカーサーの霊によって、占領政策の真なる目的が明かされる。日本の大物政治家、軍人の霊言も収録。

1,200円

日米安保クライシス
丸山眞男 vs. 岸信介

「60年安保」を闘った、政治学者・丸山眞男と元首相・岸信介による霊言対決。二人の死後の行方に審判がくだる。

1,200円

民主党亡国論
金丸信・大久保利通・チャーチルの霊言

三人の大物政治家の霊が、現・与党を厳しく批判する。危機意識の不足する、マスコミや国民に目覚めを与える一書。

1,200円

幸福の科学

あなたに幸福を、地球にユートピアを――
宗教法人「幸福の科学」は、
この世とあの世を貫く幸福を目指しています。

幸福の科学は、仏法真理《ぶっぽうしんり》に基づいて、まず自分自身が幸福になり、その幸福を、家庭に、地域に、国家に、そして世界に広げていくために創られた宗教です。

「愛とは与えるものである」「苦難・困難は魂を磨く砥石《といし》である」といった真理を知るだけでも、悩みや苦しみを解決する糸口がつかめ、幸福への一歩を踏み出すことができるでしょう。

この仏法真理を説かれている方が、大川隆法総裁です。かつてインドに釈尊《しゃくそん》として、ギリシャにヘルメスとして生まれ、人類を導かれてきた存在、主エル・カンターレが、現代の日本に下生《げしょう》され、救世の法を説かれているのです。

主を信じる人は、どなたでも幸福の科学に入会することができます。あなたも幸福の科学に集い、本当の幸福を見つけてみませんか。

幸福の科学の活動

● 全国および海外各地の精舎《しょうじゃ》、支部・拠点などで、大川隆法総裁の御法話拝聴会、祈願や研修などを開催しています。

● 精舎は、日常の喧騒《けんそう》を離れた「聖なる空間」です。心を深く見つめることで、疲れた心身をリフレッシュすることができます。

● 支部・拠点は「心の広場」です。さまざまな世代や職業の方が集まり、心の交流を行いながら、仏法真理を学んでいます。

幸福の科学入会のご案内

◆ 精舎、支部・拠点・布教所にて、入会式にのぞみます。入会された方には、経典《きょうてん》「入会版『正心法語《しょうしんほうご》』」が授与されます。

◆ 仏弟子としてさらに信仰を深めたい方は、三帰誓願式《さんきせいがんしき》を受けることができます。三帰誓願式とは、仏・法・僧の三宝《さんぼう》への帰依《きえ》を誓う儀式です。

◆ お申し込み方法等は、最寄りの精舎、支部・拠点・布教所、または左記までお問い合わせください。

幸福の科学サービスセンター

TEL 03-5793-1727

受付時間　火～金：一〇時～二〇時　土・日：一〇時～一八時

大川隆法総裁の法話が掲載された、幸福の科学の小冊子（毎月１回発行）

月刊「幸福の科学」
幸福の科学の
教えと活動がわかる
総合情報誌

「ザ・伝道」
涙と感動の
幸福体験談

「ヘルメス・エンゼルズ」
親子で読んで
いっしょに成長する
心の教育誌

「ヤング・ブッダ」
学生・青年向け
ほんとうの自分
探究マガジン

幸福の科学の精舎、支部・拠点に用意しております。
詳細については下記の電話番号までお問い合わせください。

TEL 03-5793-1727

宗教法人 幸福の科学 ホームページ　**http://www.kofuku-no-kagaku.or.jp/**